7天玩赚短视频

徐玺皓◎著

中华工商联合出版社

图书在版编目(CIP)数据

7天玩“赚”短视频 / 徐玺皓著. —北京：中华工商联合出版社，2021.11
ISBN 978-7-5158-3164-0

Ⅰ. ①7… Ⅱ. ①徐… Ⅲ. ①网络营销②视频制作 Ⅳ. ①F713.365.2
②TN948.4

中国版本图书馆CIP数据核字(2021)第197387号

7天玩“赚”短视频

作　　者：徐玺皓
责任编辑：吴建新
装帧设计：天下书装
责任审读：李　征
责任印制：迈致红
出版发行：中华工商联合出版社有限责任公司
印　　刷：北京柯蓝博泰印务有限公司
版　　次：2022年1月第1版
印　　次：2022年1月第1次印刷
开　　本：710mm×1000 mm　1/16
字　　数：220千字
印　　张：14
书　　号：ISBN 978-7-5158-3164-0
定　　价：58.00元

服务热线：010-58301130-0(前台)
销售热线：010-58302977(网店部)
010-58302166(门店部)
010-58302837(馆配部、新媒体部)
010-58302813(团购部)
地址邮编：北京市西城区西环广场A座
19-20层，100044
http://www.chgslcbs.cn
投稿热线：010-58302907(总编室)
投稿邮箱：1621239583@qq.com

序　言

为什么要做短视频？

我们正生活在一个有趣的时代，你会发现很多所谓的“不务正业”，恰好正在酝酿着不可估计的财富。

二十多年前，别人都在辛勤地打工，有的人却天天泡在网吧注册不同的网址；

十多年前，别人都在辛勤地打工，有的人却在做电商、开店铺、挖比特币；

两三年前，别人依旧在辛勤地打工，而有的人却在带团队拍短视频，做直播。

在当时，这些都是别人眼中的“不务正业”，但是多年过去了，打工的依旧在打工，有的升了职，涨了工资，有的公司倒闭，艰难度日。反而是一些“不务正业”的人像是有神仙庇佑一般，不断地在积累财富。

当然，抢注网址、开淘宝店铺、挖比特币的时代已经不属于我们了。2021 年，最大的风口就是短视频平台。有的人会说制作短视频也已经过了浪潮，其实不然，制作短视频如今正处于风口上，在相对公平的推送机制下，只要你的作品够好，什么时候做都不会晚。

提到短视频，大家首先想到的大概会是抖音、快手、西瓜视频等短视频平台，关注互联网时间较长的人还知道 B 站、皮皮虾以及国外的

YouTube 等平台。

短视频平台其实已经存在近十年了。2011 年快手就上线了，不过当时是以 GIF 制作为主；2016 年抖音正式上线，不过当时不为人知。直至我们经历了小咖秀、内涵段子的兴起与衰落，后来有的平台遭封禁，用户不得已分流到了快手、B 站、抖音、皮皮虾等平台，才促使现在主流平台抖音、快手的崛起。

短视频作为 4G、5G 时代快速发展的移动产品，聚集了电商、社交、娱乐等属性，所覆盖的人群也在不断地扩大。据统计，2020 年，中国短视频 App 用户已达 7 亿人，预计在今年（2021 年）突破 8. 09 亿人，2021 年预计市场规模将接近 2000 亿元。

这几年，很多电商和实体店主都特别焦虑，只恨自己跟不上互联网的步伐。流量和转化的成本太高了，且每年都在递增，流量也越来越不精准。大家都紧绷这根弦，是等死还是做出改变？关掉店铺，舍不得，毕竟是一份产业，说不定坚持坚持还有希望。互联网飞速发展的时代，机会就应该在危机中去寻求。抓住了短视频的机会，玩转了短视频，或许能打一场漂亮的翻身仗，甚至还可能在短短几个月获得成百上千万粉丝的青睐，然后通过广告植入、种草、电商带货、直播 PK、达人计划、做任务等方式快速变现。

有的人利用碎片时间刷短视频打发时间，有的人利用短视频展示自己的美貌与才华，有的人利用短视频做起了电商赚得盆满钵满，还有人利用短视频成为了网红，从此走上了人生巅峰。但也有不少人仍然在观望，为什么要做短视频？如何做短视频？我不会拍摄剪辑怎么办？我能用短视频做什么呢？

人人都告诉你做短视频赚钱，却没有人告诉你应该怎么做。本书从短视频平台的分析，到器材选择、拍摄技巧、剪辑方式和短视频分类等都讲得清楚明了且通俗易懂。相信你看完这本书以后，可以轻松回答这几个问题，甚至成为别人的导师和指引者。

目　录

短视频的发展史

一、短视频的兴起

从 2021 年 1 月抖音发布的《2020 抖音数据报告》中可以看到，抖音日活跃用户已经达到 6 亿，日均视频搜索次数突破 4 亿。

因为疫情，2020 年成为了我们终生难忘的一年。在这一年，与疫情相关的视频总播放量达 423 亿次，医护人员的视频超 10 亿人点赞。

2020 年，抖音短视频还记录了陪你宅家生活的数据：电饭锅蛋糕成为 2020 年用户最爱的自制美食，其相关视频播放量达 93 亿次；1446 万人在抖音上参与云健身活动，钓鱼成为抖音用户最爱的休闲活动，获赞 8 亿次，等等。

同样，在这难忘的一年里，疫情相关的内容，快手用户发布了近 7.4 亿次加油，大家相互鼓励。2020 年快手 App 日活跃用户达到 2. 646 亿，同比增长 50. 7%，全年营收 587. 8 亿元。

中国互联网络信息中心（CNNIC）发布的第 47 次《中国互联网络发

展状况统计报告》显示，截至 2020 年 12 月，我国网民的规模已经达到 9. 89 亿，其中手机网民规模占 99. 7%，已经达到了 9. 86 亿。

从这些数据中可以发现，短视频已经覆盖海量人群，这样的一种新兴传播渠道为政府、社会和个人开辟了一个新的窗口。

1. 短视频行业呈多元化、垂直化高速发展，多平台竞争激烈

2011 年，快手成立，最初是以制作和分享 GIF 图片为主，2012 年 11 月才转为短视频社区的模式。随着后面 2013 年新浪微博 App、微视进入应用市场，短视频时代正式开启。

短视频经历了 2011 年和 2012 年的萌芽期，到 2013 年至 2015 年的成长期与 2016 年和 2017 年的井喷期，直至 2018 年到现在的成熟期。

2014 年、2015 年就有越来越多的创业者看到机会并加入了短视频行业。2016 年，抖音上线，由于平台独特的算法和推荐功能，聚集了庞大的用户群体，短视频得以快速成长。而 2017 年则被称为短视频元年，超过两亿网民聚焦在短视频行业。2018 年短视频行业发展垂直化、多元化，已然成为了互联网创业者的风口，同时，短视频的用户已经超过了五亿人。而 2019 年，短视频行业出现了精细化运营和稳定的竞争格局，各类商业变现模式也逐渐成熟，短视频的发展正式进入了下半场。

各个短视频平台通过自己打造的标签、差异化定位，吸引了不同群体、不同类型的用户。抖音聚集的是时尚、潮流的年轻人群体，快手是比较接地气的“老铁”，梨视频通过主打新闻资讯聚集了 30 岁左右的知识分子，bilibili 则成为了二次元文化的天堂，小红书以分享生活的模式更多吸引的是二三十岁的年轻女性用户。

各大短视频平台有横屏也有竖屏，但基本上以竖屏为主较多，因为短视频大多都在一分钟以内，用户停留在单一视频的时间较短，滑动屏幕更方便，同时也不影响用户观看的效果，这样就能给用户一个较好的使用体

验。而西瓜视频、bilibili、秒拍等平台视频时间大多在三分钟及以上，所以横屏更便于用户沉浸式观看。

2. 短视频内容：趣味与品位共存，向多元化方向发展

前几年我们在抖音、快手等平台上见识了各种各样的视频，有猎奇的，有低俗的，也有很多传播正能量的。那是短视频必经的一个前期野蛮生长阶段，为了增加视频数据，吸引更多的流量，势必要降低视频上传的门槛，这样就难免会混入一些不适合传播的内容。当然，在发现问题之后，平台通过自我整改，已经构建了相对“正能量”的短视频大环境。

短视频平台的主要内容大致可以分为户外、旅游、生活、美食、游戏、动漫、新闻、汽车、娱乐和搞笑等。各个领域的内容更加细分化和垂直化，满足了不同用户各类喜好的需求。

通过数据显示，用户通常在上下班路上、用餐、午休和睡前等碎片化的时间通过看短视频进行消遣。其中最受欢迎的是搞笑、美食和小知识三大类型的短视频。根据抖音的数据报告可以看出，各个年龄阶段的人群在发布视频和观看视频的喜好上都有所不同，例如“70 后”比较喜欢手工和生活小技巧，“80 后”比较喜欢风景和旅游，“90 后”喜欢美食和探店，“00 后”则更关注萌宠。根据快手的数据显示，大部分人群还是喜欢喜剧类的视频，同时在美食视频中，用户更喜爱龙虾、烧烤、火锅和蛋糕类，偏好时尚类短视频的用户大部分为女性群体，喜欢二次元的用户绝大部分为“00 后”。

在 2018 年，我国把弘扬社会主义核心价值观作为短视频传播的指导思想，鼓励传统媒体以及政府机构、企事业单位和社会组织等入驻短视频平台，通过短视频平台这个窗口或与平台合作，大力开展宣传活动和政策解读。

到目前为止，各地方政府机构、电视台和企事业单位等已纷纷入驻了短视频平台，如公安、消防、城管等部门，还有澎湃新闻、央视新闻、人

民日报、新华网、湖南卫视、浙江卫视、四川观察等，构建起了属于自己的内容生态。同时，各类企业入驻短视频平台也为品牌宣传提供了一个新的渠道，特别是在 2020 年疫情期间，各大企业蓝 V 号都成为传播社会正能量的一大窗口。

依照短视频向多元化、垂直领域细分的发展趋势来看，短视频内容将越来越往深挖垂直领域和纵深方向发展，特别是在内容的价值观传播方面，将继续坚持弘扬我国社会主义核心价值观，在保持内容有趣、多元和品位的同时传播正能量。

3. 短视频运营：短视频将更精细化、专业化

无论是前几年的自媒体公众号，还是现在最为火热的短视频，内容的诞生都大同小异。常见的有用户生产内容，也就是用户通过自己的兴趣爱好拍摄段子或记录生活；还有专业生产内容，大多为比较专业且可变现的自媒体；以及职业生产内容，这类账号大多以企业蓝 V 号居多。但不管是哪种用户生产内容，都需要保持持续性的内容输出来引流和吸引关注，最终达到商业变现、品牌推广和产品营销的目的。

近几年短视频运营也成为了一个新兴的职业，成为了新媒体和互联网运营中更细分的一个职位。短视频运营更加细分及含有专业特性，它通过抖音、快手和微视等短视频平台做了一系列的企业营销、品牌推广和商业变现的活动。通过策划、拍摄和发布优质且具有高度传播性的视频内容，向目标用户进行推送，从而提高知名度，吸引更多的粉丝关注，并利用粉丝经济达到营销的目的。一个优质的短视频，不但内容很重要，运营也很重要，缺一不可。

一条短视频的产生，包含了前期的内容策划，还有内容的拍摄和剪辑，再到视频的发布、粉丝关注和转化变现。在这些环节中，运营是贯穿短视频内容创作力最重要的一环，其工作涵盖了内容的策划、发布、粉丝互动、用户管理、推广和数据的分析。

虽然在内容策划中，运营没有直接生产剧本，但在和粉丝的互动过程中，运营和粉丝的距离更近，更能了解到用户的喜好，这样能为内容的生产者提供导向性意见，同时也在拍摄和剪辑的过程中为其他同事提供更好的参考意见。但视频运营最关键的工作还是在用户管理上，特别是与粉丝互动、信息收集反馈、策划活动和社群管理等。运营把短视频内容分发到各大短视频平台之后，要收集和分析粉丝画像和喜好，通过全网的播放量、单平台播放量、评论、分享、收藏和点赞等关键性因素的分析来不断优化视频内容，吸引更精准的粉丝，从而把短视频平台的公域流量转变为私域流量后，实现长期的营销转化。

目前，市场上已经出现了专门以短视频运营为主的行业，比如 MCN（多频道网络，一种网红经济运作模式）机构、公会等。这类成熟的机构一般都具备专业的制作能力、营销能力、运营能力和数据分析能力，能快速打造 IP 及帮助创作者变现。

4. 变现模式多样化，更多模式有待发掘

目前为止，短视频平台的商业变现模式大致分为广告植入、达人计划、任务分佣、直播带货、PK 礼物和知识付费等。

广告的形式分为硬广和软广，硬广为贴片、冠名等形式，软广为内容植入、产品植入和口播等形式。硬广是让人强制接受的形式，绝大多数用户都比较反感，所以目前的广告多以软植入的形式出现，将广告和视频内容完美结合，使人产生共鸣，在潜移默化中接受，包括现在的信息流广告。

关于达人计划及任务分佣等形式，其实跟广告植入形式差不多，主要由平台或第三方需求方在平台上发起这样一个计划，用户按照计划拍摄相应的视频并植入相应的广告内容，通过流量分成获得佣金。

知识付费模式，比如拍摄剪辑教学、生活小技巧、厨艺教学和情感育儿等，此类视频的播放量也特别高，技巧知识类也是最受欢迎的三大类视

频内容之一。目前，知识付费的形式通过课程售卖和咨询付费等方式也得到了广泛的应用，将来也必定会成为各大短视频平台变现聚焦的一个重要模式。

短视频的兴起从萌芽期、野蛮生长期到今天，已经有很多个人或机构通过电商、IP 孵化和线下引流等方式变现赚得盆满钵满。相信在未来，在短视频平台的更多利好政策和补贴下，越来越多的创作者将通过短视频成就自己的事业。

二、短视频为何反攻长视频？

随着抖音和快手的崛起，短视频成为了人们爱不释手的东西，人们在短视频平台上消耗的时间也越来越多。短短十几秒的内容，呈现给我们的是一个又一个有趣新奇的内容，刺激着我们的多巴胺，已经成为大部分年轻人打发时间的最佳选择。而长视频反而给我们造成的印象是太长了，懒得看或者是没有时间看。那么短视频是怎样反攻长视频的呢？

抖音和快手的崛起仿佛在告诉大家，短视频才是我们快节奏生活的流量之王。但仔细研究后会发现，短视频也开始变得越来越长，比如抖音从最开始的 15 秒到一分钟，又变为现在不限制在一分钟之内；而西瓜视频则以“中视频”的形式开始进军视频行业。

短视频为什么会反攻长视频呢？

1. 时间长短的分类标准

目前视频行业大致可以分为一分钟内的短视频、一分钟到 30 分钟的中视频和 30 分钟以上的长视频三大类。

2. 创作者拍摄时长之争

抖音平台和快手平台在短视频领域互相追赶，除了争取活跃用户，也在不断延长拍摄时间。最早的时候，抖音只能拍摄15秒的短视频，如果想要拍摄59秒的就需要一定的门槛，比如粉丝达到1000人以上才能申请。而在2019年3月，抖音面向一部分科普视频内容给予了五分钟的权限，4月的时候就正式面向所有用户开放了一分钟的权限，到了8月份，逐渐开放了15分钟的权限。而快手平台同样在2019年的7月开始给小部分用户开放了长视频功能，时间限制为57秒到10分钟以内，而之前的话，普通用户只能拍摄11秒到57秒的时长。

从开始的15秒到现在的15分钟，为什么短视频的时长越来越长？这就要提到微博了，其实跟微博最开始的140字限制到不限字数相似，短视频在初期必须以“短”来吸引流量，随着用户越来越多之后，平台就开始思考如何提升内容的价值了，比如知识类的和情感类的内容，如果时间过短则不能让其得到充分表达，适当把时间延长更有利于这部分内容进行更好的展示。

3. 中视频加速PGC的内容发展

PGC的全称是Professionally-generated Content，也就是专业生产内容，而UGC全称是User-created Content，也就是用户生产内容。了解了这两个词语之后，我们接着往下说。

在2020年10月，西瓜视频提出了中视频的概念，即时间在一分钟以上30分钟以内的视频。短视频通常是以竖屏为主，而中视频则大部分是以横屏为主，在西瓜视频平台，PGC的创作者更多；而bilibili也被大家归类为中视频平台，在B站，91%的用户观看的都是PGC生产的内容，而这些PGC创作者被称为“UP主”，B站的UP主月活跃达到190万人，月投稿达到600万条。PGC的UP主生产的高质量视频吸引了众多忠实粉丝，而忠实粉丝又激励着 UP 主继续创作高质量的内容，这就能形成一个良性的三角循环。除了西瓜视频和 B 站，微信、百度、知乎等创作者也纷纷开始加入中视频创作行业。

短视频和长视频已经开始区域固化，但中视频领域还有着比较广阔的市场空间，中视频相比短视频来说，在深度内容的呈现上更具有一定的优势，而且比长视频更容易留存用户和更容易控制生产成本。例如说拍一个五分钟的中视频和拍五个一分钟的短视频来比，前者应该更容易控制。

4. 在盈利的边缘徘徊

2019 年，在腾讯视频、爱奇艺、优酷、芒果 TV 四家长视频平台中，只有芒果 TV 的净利润为正，其他三家都处于亏损状态。而芒果 TV 最大的优势在于它的综艺自制。一方面，影视剧常常因为题材的原因被限制受众范围，而综艺节目的受众门槛较低，十分广泛，特别是年轻的女性，所以综艺节目的营销价值更高；另一方面，影视剧通常都需要十分专业的演员，而综艺节目可以用一些素人或者不太知名的艺人，所以无论是人员成本还是制作周期，都比影视剧更有优势。

长视频平台的变现方式除了广告就是会员收入，然而当会员人数难以得到提升就导致会员收入难以持续增长。爱奇艺的会员破亿之后，新用户的获取就变得越来越少，以至于为了提升会员收入而增加了每个用户的单价。

短视频平台更容易快速获取流量，而中长视频平台更容易培养黏性，那么当短视频不再只是短的时候，就意味着“流量为王”不见得是视频行业发展的唯一价值了。

三、短视频和微电影有什么区别？

其实，早期并没有微电影这种说法，全部统称为短片，分为纪录短片、故事短片、实验短片和伪纪录短片等。后来随着互联网视频的兴起和拍摄短片的人越来越多，短片的数量也在不断增加，影响力逐渐扩大，尤其是故事类的短片，渐渐地，故事类短片也被人们称为“微电影”。

所谓的微电影，必须是有完整剧情的故事短片，而“短片”是对一种对于时间较短的影片的统称。但随着手机的全面覆盖、4G 的高速发展和各类短视频平台的出现，相对时间更短的短片开始出现，其不需要完整的剧情，或许是一个技巧、一个段子、一段记录生活的影片，此类短片被人们称为“短视频”。

微电影是专门投放在各类互联网新媒体平台，供人们在移动状态和闲暇状态下观看且具有完整故事情节的视频短片，内容大多为幽默搞怪、商业主题、公益教育等几种类型，一般为单独的篇章，但也有系列剧形式。微电影具备电影的一切要素，即时间、人物、地点、主线和故事情节。

短视频更多的是在各类手机端新媒体平台上观看，更适合在移动状态和碎片化时间下高频推送的一种短片内容，短则几秒、十几秒，长也不过几分钟，其内容涵盖了幽默、时尚、热点、采访、公益、分享和记录等主题。与微电影不同的是，短视频生产流程更为简单，制作门槛较低，人人皆可参与，制作周期虽然很短，但是对其内容策划和文案要求更高。

你是否还记得曾经那部让无数“80 后”“90 后”感动到落泪的微电影《老男孩》？你是否对“叫兽易小星”以及《万万没想到》里的“王大锤”“筷子兄弟”还有印象？现在的各大网络平台已经很少见到他们的身影。每天我们通过各大短视频 App 刷到的更多是祝晓晗、毛毛姐、李子柒、李佳琪等网红，各种“双击 666”、“老铁没毛病”充斥着我们闲暇的时光。铁打的平台，流水的网红，这几年，视频产品发生了翻天覆地的变化。从最初的电影到短片到微电影，再到如今的短视频，显然已经形成了人人参与、全民拍摄发布视频的大环境。

1. 微电影时代到短视频时代

要搞清楚电影、微电影和短视频的区别，还得从三者的生产和分发来做一下对比。

电影时代：创作者多为电影制片厂、制片人和导演，一部电影的创作成本在数十万元到数亿元不等，创作周期从数月到数年不等，设备则需要专业的大型摄像设备。

微电影时代：创作者多为视频发烧友、独立导演和 PGC 等为主，创作的成本在数千元到数十万元不等，创作的周期大致为一到两个星期，设备则可以用单反（如佳能 5D2）和 DV 等。

短视频时代：创作者可以说是全民皆可参与，UGC 快速发展，当然也有专门的 MCN 机构等。创作成本没有门槛，甚至可以是零成本，创作周期缩短至几小时甚至几分钟，创作的设备只需要手机即可。

由此可见，比起微电影，短视频的创作周期更短，成本更低，设备要求不高，各类短视频 App 自带的拍摄和剪辑工具更是大大降低了视频内容生产的门槛，同时通过各平台如抖音相对公平、个性化的推荐算法，使短视频内容得到极大的传播。

在微电影时代，视频分发的平台大致有爱奇艺、优酷、土豆、腾讯视频、微博和搜狐等；在短视频时代，视频分发的平台大致有快手、抖音、皮皮虾、火山小视频、西瓜视频、今日头条、百度好看视频以及各大平台的公众号等。

2. 从微电影到短视频发生了哪些转变？

随着手机的覆盖和移动互联网的井喷式发展，数亿互联网视频用户从电脑端迅速转移到了移动端，各类短视频 App 如雨后春笋般上线，也让用户拥有越来越多的选择。

在以前视频匮乏的时代，视频的资源就好像几十年前的电视一样，频道少，内容少，渠道播什么，我们看什么，没有太多选择。而到了短视频时代，用户拥有了越来越多的自主选择权，人们的工作和生活开始变得繁忙，所以越是简短、轻松和容易理解的视频内容越受到用户的欢迎，因为这些作品能更好地填补人们的碎片化时间。因此，越来越多的创作者偏向接地气、简单易懂和娱乐消遣的作品创作，以此来吸引更多的用户流量，短视频的发展井喷期也由此而来。

移动互联网的高速发展除了让传播媒介发生了翻天覆地的变化外，也让拍摄设备和后期制作软件迎来了一场大的变革。

以前无论是做电影还是微电影，我们都必须用专业的摄像设备，即使是微电影也至少需要用到单反或 DV。而如今，短视频创作的门槛降低到了一部手机即可，再往上一个层次也只是增加一个稳定器或无人机。

以前电影和微电影的后期制作大多用 Premiere、Edius、Final cut pro x 等软件，因为太专业，所以操作难度较大，入门较慢。而随着短视频平台的兴起，各类剪辑软件相继涌出，如剪映、快影等，可直接在手机上进行操作，简单易懂，入门较快。甚至有的拍摄平台还自带一些后期功能，如美颜、滤镜、一键特效、合拍配音等功能，这些不同的玩法使得用户能更轻松地创作短视频，大大降低了创作门槛，让人人皆可参与短视频的拍摄和制作。

越来越多的年轻人成为互联网视频创作的主力，视频的玩法也从以前的鬼畜视频、特效炫技、神配音慢慢转变为美颜时尚、AI 特效、合拍等，让短视频创作者的创意更容易、更高效地生产出来。短视频的推荐和传播机制也从人为的编辑主导变成了精准公平的算法主导，随着 4G 的高速发展和 5G 的降临，短视频已然成为人们生活中不可或缺的流行文化。

3. 短视频促使产业链发生变化

微电影时代通常可见的是以工作室的形式在进行内容生产，而如今的整个产业链变得更工业化、细致化，也更复杂化。如 MCN 机构，基本上包揽从生产、分发到运营和变现，做到了一条龙服务。

微电影的工作室更注重的是生产制作和拍摄流程等。专心做好优质内容，宣传和分发依旧依托于视频网站和社交平台。微电影的创作其实挺流水线化的，编剧、导演、摄像、灯光、后期、演员等，各司其职，从剧本分镜到现场拍摄到后期剪辑，一条流水线运作。而 MCN 模式的网红经济运作从艺人签约、孵化，到批量账号注册管理，到专业持续性的创意，到内容生产和分发，再到最终的平台资源对接和多元化商业变现，其产品形态更多的是多平台网络和专业生产内容联合，在资本的支持下，通过不断的持续输出，最终实现稳定的商业变现。

MCN 到底是什么意思呢？对于这个舶来品，通俗易懂地讲，可以把其理解成一个高级中介。平台需要内容，内容创作者需要对接官方获取更大的流量、推荐、快速涨粉、接广告和变现，而 MCN 就扮演了中间人这样一个角色。MCN 与平台资源对接，帮助创作者一起创作内容，给创作者带来流量，最终帮助创作者实现商业变现。听上去虽然很高大上，但其本质也还是一个赚差价和抽佣的中间人。

MCN 机构如何通过运作将一个普通人变成网红呢？第一步是签约艺人，机构团队去各大平台搜索发掘有网感、有才艺和创作能力的个人或团队；第二步是人设定位，通过与艺人签约合作，根据该艺人的风格、标签等优化调整成红人人设；第三步通过人设确定内容生产形式，是剧情类、vlog 还是知识分享类等，最终配备运营团队进行内容输出，同时多账号多平台进行创作和分发，一般三个月达到一定期望值就加大投入，反之就淘汰。说白了就是找到一些符合需求的人，对其进行包装孵化，用几个月的时间看是否能达到预期的效果，最终实现变现。

随着互联网、手机、各大应用软件技术的日新月异，相信短视频内容的生态将会越来越完善，最终形成一个完整的生态闭环。

四、短视频的里程碑

前几年的直播行业，用户规模和占比都在不断下降，行业乱象也令人担忧，但短视频平台的发展却走上正轨，各类视频平台转型为短视频平台。快手获得了 3. 5 亿美元的融资，今日头条也拥有了自己的西瓜视频，直播行业也逐渐转向了短视频。如今的短视频 App 已然成为了人们茶余饭后获取娱乐的最佳途径之一，抖音、快手等平台用户早已上亿。

相比于图文、音频和直播，短视频的价值更大，拥有更成熟稳定的商业变现模式，在资本市场的选择下，短视频 App 也迎来了春天。

据相关研究机构数据显示，我国 2021 年市场广告规模将达到 600 亿元以上，短视频将是所有渠道中占有率最高的。在移动互联网的用户增长放缓速度，加上网络流量价格越来越低的情况下，短视频平台的诞生，凭借优质的视频内容、快速的生产模式以及自带的社交属性，很快就俘获了大量的受众用户，不但成为了普通用户消遣时光的方式，同时还成为了大家展示自己的平台。

短视频的未来如何

短视频行业经过几年的成长期，到现在进入了成熟期后，将会越来越追求差异化和精细化，在未来，短视频行业必然会呈现出以下几个特征：

1. 生产专业化

在未来，短视频的创作者将会越来越专业，其创作的内容质量也会越来越高，内容产出的速度也会越来越快。整个生产线将会变得更加稳定，一些 PGC 的巨头也会因此诞生，反而 UGC 将会趋于平民化，就像抖音的广告一样——“记录美好生活”，其内容将会更注重生活的记录。

2. 作品质量越来越高

目前短视频的内容可以用有用、有料和有趣"三有"来概括。随着越来越多的短视频创作者加入，也意味着短视频内容越来越多，越来越丰富。毫无疑问，最终短视频的内容都会回归到富有美学的形式上来，也就是视频内容的质量将会越来越高，持续不断地输出优质的短视频内容才能在这个行业里走得更久、更远。

3."短视频+"时代

随着运营商模式和价格的调整，以及 5G 时代的真正到来，移动网络流量的成本将越来越便宜。短视频行业依附自身的丰富性、交互性和功能性等几大优势，必定会成为所有行业都不可或缺的一个重要渠道，所以接下来将会迎来或已经迎来了"短视频+"时代，短视频内容越精简、越碎片化，得到人们喜爱和传播分享的速度就会更高更快，人们在短视频的场景中消费起来也将变得更轻松。

4. 短视频智能化

短视频平台结合 AI 人工智能对视频内容进行分析，以及不断优化短视频内容的核心算法和推荐机制，才能保证视频内容针对不同的人群更精准地分发，保证向消费者提供最优质的差异化短视频，保证用户接收到的短视频内容更有趣、更有料和更有用。

五号线小姐姐，我们找你来啦

还记得当年火遍短视频平台的一位小姐姐吗？当时的火热程度可以说打开任何一个短视频 App，你都会看到大家通过不同方式在寻找一个人——五号线小姐姐。

这一切都起源于一段短视频，该短视频拍摄的地点就是在北京的地铁五号线上，视频中有一位大哥也许是因为太累了，坐地铁的时候睡着了，而此时有一位陌生的小姐姐为了让他好好地睡觉，睡得更舒服一点，悄悄用手托住了大哥的头。此番举动让广大网友纷纷点赞称其暖心，该短视频也迅速被分享搬运到其他短视频平台，瞬间全网播放量过亿。

短视频的瞬间走红，是巧合还是人为？目前上架的短视频 App 数不胜数，短视频的内容也在发生着翻天覆地的变化，爆款视频也在不断增加，但是寿命好像都不长，造成这种现象的原因是什么呢？

1. 内容同化

最开始的短视频内容五花八门，各有各的特色，大路朝天，各走一边，各自通过自己的差异化来吸引目标受众。但随着用户的飞速增长，短视频行业瞬间被推到了风口上。

越来越多的创作者加入到短视频创作行列，但是真正能持续创作出优质内容的却少之又少，而模仿成为了创作者选择的捷径，什么视频成了爆款，大家就模仿什么，什么热门就拍什么，最终导致的结果是短视频内容被迫同化。

2. 审美疲劳

就算一个人再喜欢吃红烧肉，每顿饭都吃也是受不了的，偶尔也想换换口味。一个用户任意打开一个短视频 App，接受到的铺天盖地的内容都是一样的，用户必然会感到审美愉悦降低，甚至开始反感。

爆款的网红视频犹如昙花一现，爆款视频虽然在一时会带来流量，但是跟风者太多之后，用户便会开始反感和拒绝这类视频，那么这类视频的传播量会急转直下，就不再拥有传播性和市场了。

以上两点便是爆款视频层出不穷，但是寿命都不长的主要原因。那么，短视频如何才能做到爆款且持续爆红呢？也可以归纳为两点。

一是有内涵有高度。例如五号线小姐姐的视频，虽然一时间各大平台都铺天盖地地转发搬运，却没有引起用户的反感，那是因为视频内容是有高度和内涵的，视频传递的是一种正能量，传递给人们的信息是积极、正面和向上的。

二是创作态度很重要。长期关注短视频平台的用户会发现一个套路：很多人在一夜爆红成为网红后，马上就开直播，接广告，一味地炒作，而不把重点放在内容的持续经营上，功利性太过明显。虽然五号线小姐姐火了之后也被扒出她是一位短视频内容的创作者，但是五号线小姐姐红了之后并没有立刻借此吸金，而是一如既往地认真地创作作品，就是这种对待短视频内容的态度，让用户们纷纷点赞，同时也是她能持续走红的原因。

五、从“吸睛”到“吸金”

短视频创作门槛低、参与性强以及传播速度快的特点使其成为了众多年轻用户自我展示的一个重要载体，短视频平台也逐渐演变成了资讯、媒体和社交平台。庞大的用户规模，带来了巨大的商机，针对短视频的投资笔数也在 2017 年达到了 46 笔。

在短视频平台竞争激烈的当下，只有持续输出优质的内容才能获取更多的用户流量和高度的黏性。发展至今，播放量和商业价值已经不能简单地划等号了。如何才能在短视频行业找到更清晰、更稳定的变现方式呢？大量的资本注入是会让短视频行业走向真正的爆发期还是昙花一现呢？

带着这几个疑问，我们接下来从短视频行业的历程、产业链和资本流向等方面进行分析和探讨。

短视频行业的发展与规模

近几年随着快手和抖音的崛起，短视频行业正式进入了投资人的视野。随着类似 papi 酱这样的短视频创作者的成功融资，短视频行业已然成为了新一轮的投资风口。当年，快手融资3. 5亿美元、今日头条完成 D 轮 10 亿美元的融资等消息曝出，更是立刻把短视频行业推到了新的高潮。目前短视频行业已经进入了成熟期，市场逐渐趋于稳定。

用户需求推动短视频行业的发展

短视频更趋向于碎片化，据统计，98. 1%的短视频时间长度在 60 秒以内，而 47. 88%的短视频时间在 10 秒到 15 秒左右。和文字、图片以及音频的形式相比，短视频更能直观地传达信息，其多元化丰富的表现形式也充分得到了体现。这恰好迎合了当前“80 后”“90 后”和“00 后”个性、时尚、多元化的需求，在带给年轻用户群体需求满足的同时，年轻用户群体也成为了短视频内容生产和行业发展的生力军。

短视频的产业链

内容生产端、分发端、平台端、广告主和短视频的用户是短视频产业链的主要构成，其最为核心的是内容生产端、分发端和平台端。

1. 内容生产端

在短视频成熟期时代，优质的内容成为了整个行业的核心竞争力，靠模仿、生产同化的视频内容已经无法立足于短视频商业市场。原本的头部玩家也逐渐从单打独斗向 MCN 靠拢，在内容方面不断垂直纵深，当下所包含的资讯、娱乐、搞笑、采访、体育、美食、汽车、美妆、生活、房产和知识等分类，几乎已经涵盖了所有领域。

垂直领域的原创内容更专业，更难以模仿，所以商业价值也会更高，变现能力也更强，这种分化在未来会愈演愈烈。当前脱颖而出的账号代表：公司生活类的“一条”、“二更”，汽车类的“30 秒懂车”，娱乐类的“陈翔六点半”，美食类的“李子柒”，等等。

2. 分发端

短视频的分发端大致可分为视频平台、社交平台和资讯媒体三类。视频平台包含了传统的视频网站和手机 App，例如搜狐视频、优酷视频、爱奇艺、腾讯视频、哔哩哔哩、抖音、快手和西瓜视频等。

分发端智能化的机器算法把特定的优质内容推送给特定的人群，使内容得到充分精准的曝光，这也是行业关注的核心点所在，未来视频的分发方式将更智能和精准。

3. 平台端

抖音和快手等平台是含拍摄、制作、分享、传播和社交互动的一站式综合平台，而梨视频和好看视频等是聚集大量内容后进行剪辑再推送的聚合类平台。目前我国短视频制作公司已经超过 3000 家，仅靠单打独斗吸引优质流量较难，所以接入平台端就显得十分重要。

接下来让我们看一组早些时候的数据，来自 2017 年的内容生产端、平台及分发端的一个融资情况（见表 1 - 1、表 1 - 2）。

表 1 - 1　内容生产端融资情况表

垂直领域	公司名称	融资轮次	投资方	融资金额
时尚类	视霓	天使轮	未透露	未透露
	博慕传媒	Pre-A 轮	原子创投	未透露
	樱桃来了	天使轮	左驭资本	数百万元人民币
	禾力新势力	天使轮	未透露	未透露

续 表

垂直领域	公司名称	融资轮次	投资方	融资金额
知识类	懂得	天使轮	春晓资本	数百万元人民币
		种子轮	未透露	未透露
美妆类	快美妆	B 轮	华映资本、前海母基金	6000 万元人民币
生活类	一条	C 轮	宽带资本、鸥翎投资	4000 万美元
	论语天下	天使轮	五岳资本	数百万元人民币
	二更视频	B 轮	元璟资本、以太资本等	1. 5 亿元人民币
		B+轮	源码资本、云锋基金	1 亿元人民币
	星韵文化	天使轮	紫辉创投	未透露
艺术类	意外艺术	A+轮	头头是道	2000 万元人民币
历史类	左右视频	战略投资	新浪微博、和悦资本	2000 万元人民币
母婴类	贝贝粒	天使轮	未透露	未透露
法律类	律视在线	种子轮	未透露	未透露
星座类	陈茂源星座	种子轮	青藤文化、新榜等	100 万元人民币
旅游类	一粒传媒	天使轮	未透露	200 万元人民币
音乐类	奶糖 App	天使轮	奇虎 360	数百万元人民币

表 1－2　平台及分发端融资情况表

公司名称	轮次	融资金额	投资方
抖音	天使轮	数百万元人民币	今日头条
梨视频	Pre-A 轮	1. 67 亿元人民币	人民网
	天使轮	数亿美元	华人文化产业基金

续 表

公司名称	轮次	融资金额	投资方
快手	D轮	3. 5亿美元	腾讯、DCM中国等
地瓜视频	天使轮	数百万元人民币	中信国安集团

从以上部分数据中可看出，从2017年开始，短视频行业就受到了资本的热捧，相对于往年热度只增不减，未来随着A股上市公司入局，或将迎来大变。

究竟什么人才能做短视频？

一、人人都可以做短视频吗？

全民拍摄短视频的时代已然开启，不少人都希望通过拍短视频一夜爆红，收割一波红利。

1. 草根时代真的已经过去了吗？

在短视频行业刚刚问世的时候，大部分用户都扮演着观众的角色，即使有内容创作者，也都还处于摸索的阶段，也就意味着那个时候大家都在同一起跑线，所以那个时候是最公平的时候。创作者只要在作品内容上用一点心，创作出更优质有内涵的作品，就能快速地吸引眼球，从而脱颖而出。

在 2020 年，我国短视频用户就达到了七亿人，如果其中有 20% 的人会参与短视频创作，那么我们就等于在和一亿多人竞争，想脱颖而出简直比中彩票还要难。很多人都在说短视频草根的时代已经过去了，但是为什么我们却依旧看到不断有草根成为网红一夜成名呢？就好比 2021 年的“阿牛哥”以及跳《白狐》舞蹈的那位背影美女，这到底是偶然还是有着精心地准备和策划呢？

2020 年的 10 月 21 日，“双十一”的预售活动刚刚开始预热，有位网红据说只用了五分钟的时间，就售卖出了一万多支口红。这位网红也不是什么明星，他曾经和你我一样都是普普通通的老百姓，一直从事着化妆品导购的职业。这说明什么呢？短视频草根的时代其实已经再次降临，有人看懂了，有人看不懂，这就是互联网有意思的地方。

作为一个普通的用户、普通的看客，你只看到一场热闹的直播，一个好玩的视频，只有真正抓住机会的草根才能顺利地挖到自己的那一桶金。

其实，回头看看整个互联网时代，草根赚钱的风口真的不算多。

最开始是草根站长的时代，那个时候只要会做网站就能赚得盆满钵满，包括现在依然有人在做小说网站、电影网站等，但是收入确实没有以前那么可观了。接着是草根的微博时代，微博仅有的 140 个字里也暗藏了不小的商机，微博里出了多少段子手，造就了多少富人，但发展至今想再通过微博吸引眼球实现商业变现已经很难了，因为其基本上已经固定化了。后来淘宝的诞生，又衍生了草根的淘宝时代，记得当年我有个朋友，只是在外地找了几个加工厂，然后贴牌在淘宝上开店售卖，仅仅一年的时间，车子房子全都有了。但现在草根想做淘宝就有点困难了，市场竞争相当激烈。再接着就来到了微信时代，微信公众号和微商的兴起，带来的财富也是超乎想象的。当年我一个朋友注册了一个微信号，只是通过朋友圈发布本地生活信息，如餐饮推荐、求职招聘和相亲介绍等，就赚了一辆车。当年还有的人靠做一个微信公众号一年就能赚上千万。确实，很多人靠微信发了财，但也有人在上面吃了亏。总的来说，通过互联网赚钱的门槛越来越低，也正式开启了移动互联网赚钱的时代。最后就是咱们现在的新媒体时代，依然是内容为王，只要潜心做好内容，根据平台的智能算法推荐机制，很快就能脱颖而出。很多草根用户牢牢地抓住了这一波致富的机会，你也许错过了，不过不用后悔，因为现在更大的风口还在这里，那就是短视频和直播的时代。

这个风口人人都可以参与，无论是在抖音，还是在快手。我相信大家都见证过一些草根从默默无闻到火遍全网，比如有跳舞的突然火了，有拍农村生活的突然火了，有老爷爷火了，也有老奶奶火了，很多人凭借着自己的努力和创意将自己推到大众面前，随之而来的还有他们从未敢想的财富。但现在的很多草根网红都是经过团队包装营销的成果，所以很多我们以为的偶然，其实是必然的结果。我们所看到的草根，他可能不是真正意义上的草根，而是为了迎合用户的需求而拟定的一个人设。他们有专门的运营机构，在视频垂直领域、剧情、拍摄和制作以及后期的流量等方面，都安排得妥妥当当。当然，也有极少数真正的草根逆势崛起，这里除了他们的确有过人之处外，还具备了相当好的运气。绝大多数的用户在短视频行业依旧只是自娱自乐，播放量都难以突破 500。即便如此，我依然坚信草根是有奇迹的，坚持做下去，创作更多优质的作品，下一个走到大众面前的也许就是你。

2. 全民短视频时代未来会如何？

几乎所有年龄层的人都在参与短视频的创作，不过绝大多数人只是用来记录生活和展示自己，说白了，就是拿来玩玩而已，并没有想过要通过一个短视频创造收益。

如果说短视频的用户中有 20%的用户想通过短视频创业挣钱，去掉重复的注册账号，也至少有 6000 万人左右，而真正在粉丝量上达到 10 万人的账号可能还不到 60 万个。

假如在这个时候短视频的时代一下子结束了，那么那 5940 万还没有赚到钱的用户该何去何从呢？如今的短视频行业虽然看上去是人人都可以参与，实际上背后却竞争激烈，努力展示着自己的专业化。

在短视频时代，无论你的作品内容是做剧情的、知识分享的、美食的，还是生活类的，只要做到了足够专业化，至少你是不会亏的。所以，即使短视频时代突然终结，这些专业化的用户仍然可以通过其他渠道获取收益，但是上面提到的那 5940 万人又该何去何从呢？

看到这里，大家是不是觉得我要劝大家不要再做短视频了？其实也不是，这里只是希望已经从事或者即将从事短视频行业的朋友要想清楚自己为什么要做短视频？如果只是想记录下生活，展示下自己，打发下无聊的时间，那么无所谓，可以不用思考。如果是想把短视频当作一次创业，想从中赚取到理想的收益，那就应该从企业的角度来思考和经营了。我们希望通过短视频如何来盈利？是带货、直播收礼物，还是广告收益？我们应该策划什么样的题材来达到盈利？是幽默剧情、知识分享，还是探店打卡？一切梳理清楚之后，还要找到志同道合的合伙人，策划、编剧、摄制和运营等都要配备齐全，不过资金紧张的情况下也可以一个人独立制作或者大家身兼数职。

3. 短视频创业的机会在哪里？

在 papi 酱和冯提莫等越来越多的网红爆火之后，很多自媒体大号也坐不住了。

我有一位朋友一直从事自媒体，但是没有做过短视频的内容，也从来没有涉足过短视频行业，他的微信公众号曾经也拥有上百万粉丝，但 papi 酱在极短的时间内就完成了几百万粉丝的积累让他甚为吃惊，这让他瞬间意识到短、频、快的短视频传播速度能达到图文内容传播速度的几倍。之后他也开始向短视频行业转型，但刚开始也遇到了不少坎坷，因为短视频行业除了内容上的要求很高以外，发布的频率，和分发平台的对接，以及针对不同平台的用户不同的喜好等，都影响着短视频账号是否能成功吸引到粉丝。

其实短视频行业和其他行业领域大同小异，在短视频创业也必然会经历两个阶段：一是短视频平台刚刚面世，短视频内容还较少的时代，这个时候敢做第一个吃螃蟹的创作者获取了第一波的红利，然后通过平台对第一批成功者的广泛宣传，越来越多的创业者陆陆续续地开始跟风进入短视频行业，于是便开启了第二阶段。短视频内容的数量和质量都呈井喷状态，内容的竞争越演越烈，加上后期资本的注入，内容或许也不是短视频行业成功的唯一标准了。

满地是黄金的内容空缺期已经过去了，简单的搞笑、卖萌和讲故事在维系粉丝黏性的问题上显得越发吃力。虽然短视频时代对拍摄制作的设备门槛降低了，但是即使再简单的设备，也有更专业的人能在镜头和剪辑上展现出更专业的能力。至于在运营上，创作者如果创作不出所谓的爆款短视频内容，那么无论创作者是分发到多个平台进行广撒网，还是和某一家平台独家合作，都避免不了面对和平台直接的博弈，创作者更核心的问题在于短视频内容的质量、更新的频率和资金的支持等，这些都关乎整个团队的生死存亡。

当年，papi 酱通过在美拍走红之后，便快速分发覆盖了其他平台，如微信、各大视频平台和微博等。这让人们意识到类似 papi 酱这样的 IP 化无疑是一条短视频运营的捷径。IP 化之后，无论是平台账号还是短视频内容都显得不可替代，创作者也拥有了更多与资本谈判对话的筹码。短视频行业并不单单是简单的内容创作和发布，它无时无刻不在考验着创作者的策划、分发、运营、渠道、资本掌控和商业变现等能力，当你把这一系列套路都能玩转的时候，那么机会、流量和资本自然就会向你靠拢。

所以，短视频人人都可以做，但是不要盲目地做，一定要仔细思考、梳理。在开始做之前也要给自己一个期限，预计多长时间？做到什么程度？如果在约定时间内没有达到期望的目标，是否要转为利用业余时间来做这个事情？梦想一定要有，因为通过短视频创业走出来的人也不在少数，只是谨记不要头脑发热。

二、什么样的人正在从事短视频创业呢？

前面既然讲到了人人都可以从事短视频行业，那么在进入这个行业之前，建议大家跟随我一起来了解一下目前到底是哪些人在从事短视频行业。

1. 传统互联网人

传统的互联网人总是能快人一步，从互联网中发现商机，因为从事互联网多年所累积的经验，让他们对流量这个概念十分清楚，在传统互联网人的眼中，短视频行业无疑是一个获取流量的机会。特别是对于一些过去的站长而言，流量就意味着财富，所以他们大多都快速转向了短视频这个领域。

2. 新媒体人

新媒体人指的大多是以前通过微信公众号、熊掌号和大鱼号等自媒体平台，利用图文形式积累粉丝从而商业变现的一群人。在这个时候，短视频行业对他们来说可能是个新的机会，所以他们也在往短视频这个领域发力。

3. 大学生

大学生对比于其他几类人来说其实是更为普通的一个群体，很多都还在学校读书，但大学生好学的本能让他们知道短视频行业是个机会，因此大学生特别是有影视制作爱好的大学生更热衷追求短视频行业的知识。

4. 传统影视人

这类人大多以前都是靠拍摄影视为生，或者特别喜爱影视制作，或是在影视行业十分专业，有的甚至还获得过一些奖项。准确地说，这类人更像是短视频行业的先锋人物，因为他们有以前的影视经验，再加上专业的技术和灵活的头脑，所以这类人群其实是目前为止在短视频领域里的顶部人群。

5. 电商人

电商人一直都拥有敏锐的嗅觉，他们自然也不会放过这个机会。这类人在从事短视频行业的时候目标更加清晰，他们拥有更多的方式、渠道和经验实现商业变现，短视频行业对于电商人来说简直就是一个巨大的红利。

6. 网红

这些网红中，有的来自其他直播平台，也有的来自微博等自媒体。这群人向短视频领域发展是必然的，他们本身就带有吸粉属性，甚至可以把以前平台积累的粉丝转化到短视频平台上，从而利用短视频平台直播和带货等功能实现更好的商业变现。

7. 视频行业相关工作者

哪些人是视频行业相关的工作者呢？比如说摄影师和演员等，他们本身就是靠这个吃饭的。这类人进入短视频行业后，更懂得利用专业来拍摄一些有趣的短视频，这类人天生就是属于短视频行业的从业者。

8. 普通的视频爱好者

普通的视频爱好者这一类人，在早些时候就喜欢在各大平台如微博和视频类网站上拍摄、制作和上传一些记录自己生活的短片或者创意作品。基于对短视频行业的热爱，这群人进入短视频行业后，随着对短视频的摸索和认知，逐渐地也会成为短视频平台的主流创作人群。

为什么我们要统计这些人群呢？因为不同的人群在对待短视频行业的态度以及他们各自所理解的短视频是不同的，从不同的创作者身上，我们会领悟到不同的东西。

三、哪些人更适合做短视频？

1. 能够坚持到底的人

短视频的内容五花八门，无论走哪种路线，都有可能成功，就怕三天打鱼两天晒网，不能持之以恒。所有的短视频行业创作者的成功都是坚持的结果，而很多人都选择了半途而废。有的因为受到身边的亲戚或朋友调侃或埋怨而选择放弃，有的因为没有在一定的时间内获取到预期的流量而放弃，还有的因为违反了平台的规则被处罚一两次而放弃。在任何一个领域，创业都是困难的，短视频行业的困难也不会比其他行业少，只有把“坚持”二字执行到底，才有机会脱颖而出。

2. 了解自己的人

从事短视频行业的创业者一定要对自己有充分的了解，我们自己会什么？我们自己有什么？什么是我们的优势？找准了方向，只要不违反短视频平台的规则，什么题材都可以拍，根据自己的能力来做是很重要的。

3. 克服焦点效应的人

例如有的短视频创作者选择走口播（脱口秀、知识分享等）或剧情类真人出镜的内容题材，一定要克服心理的焦点效应。很多人一直很在乎甚至是高估其他人对我们的注意程度，总是想方设法展现给大家一个完美的自己，这样的结果大多会适得其反，不但不能自然地表达自己，反而会表现得矫揉造作。首先我们要清楚一点，其实短视频的绝大多数内容生产者都是跟我们一样的普通人，并不是非要颜值或与明星媲美，发音如央视播音员一样的水准才可以生产短视频内容。找准自己的定位，放好自己的姿态，我们要做的是短视频，而不是要做明星。

4. 有商业头脑的人

短视频行业创业和其他创业项目其实一样，都需要充分了解市场和我们自身拥有的商业变现能力，以及一个投入产出计划和相关种种规划。虽然不用像商业计划书那样条条框框都写出来，但是作为创业者自己而言，心里一定要清楚，如果做不到这些，与其说是短视频创业，倒不如说只是一个短视频爱好者。

5. 懂得总结和学习的人

短视频行业并不是随便拍拍视频就能火。每个短视频平台都有自己的运行规则和推荐算法，在做之前我们一定要把这些都研究透彻，做的时候方能游刃有余。短视频内容发展到现在，该有的模式基本上都有了，我们很难在模式上再有所创新和突破，只有不断地去学习、发现并研究这些规律性的东西，创作出对标的内容，才能发挥得更好，从而离成功更进一步。

四、从事短视频运营的人都在做什么？

为什么别人的短视频能火？因为别人除了我们能看到的拍摄和制作发布以外，背后还有一套相当完整的运营方案。这里我们指的并非那些偶然火起来的视频，而是那些必然会火的视频。

短视频运营的工作方向

1. 做运营方案的目的

首先，我们要清楚自己做这个短视频账号是为了什么？我们需要和什么具体的产品或者服务做结合来实现变现？

和以往的自媒体平台图文内容相比，短视频内容的变现更快、更直接，所以我们的运营方案要具体、直接和唯一。到底是想赚钱还是想打造情怀？做之前一定要做好取舍。

2. 内容定位和目标群体

我们面向的目标群体是什么样的人群，就要在内容上满足我们目标人群的需求。虽然不能一次就做到完全满足目前人群所需求的内容，但总要有一个明确的方向，然后在实践中不断调整，重复试错，才能获取相应的价值。

前期，我们可以找一些与我们想法相似的账号，对其做一个深入的研究分析。从他们的内容题材、生产流程和用户群体特征，到变现的模式、粉丝的转化等，反复如此地提炼，就能完全领悟别人的运营套路。当然，最好的办法是直接去请教业内相关人士。

3. 粉丝运营

粉丝运营的目的说白了就是为了涨粉。涨粉的方式多种多样，有平台内和平台外的方法和套路。平台内的，就是去别人的作品评论引流，与别人互动等，平台外就是分享视频、推荐账号等。把一切渠道串联起来，做一个涨粉策略，最终实现涨粉的指标。

短视频运营的工作内容

1. 渠道运营

渠道运营主要就是视频内容的分发和渠道的对接合作。国内外的渠道运营的思维及方式各有不同。在国外，只要将视频平台和社交平台做好，基本上就没有太大的问题了；而在国内就没有这么简单了，因为目前为止，我国的短视频平台没有一家独大的存在，需要通过对外的平台合作以及对内的反馈和数据收集，才能更好地迭代内容产品和做好用户的运营。

每个渠道的内容定位和用户的调性都有所不同，我们在做垂直领域的内容时，要仔细地把每个平台对应的用户喜好和内容需求做好充分的了解，才能做好后面的运营工作。

2. 内容运营

视频的内容运营即内容的策划和制作，而短视频的内容运营还需要为了实现变现的目的，在内容的策划和制作以外，更多地思考如何增长和转化。

在内容生产的过程中，我们要把渠道和用户的运营串联在一起，结合整理大数据，形成一个更精细化的过程。特别需要强调的是，在内容生产的过程中，我们一定要跳出“自嗨”模式，要多站在用户的角度去思考内容。为了达到视频好看和引流的目的，我们甚至也可以牺牲一些所谓的逻辑结构。

3. 用户运营

围绕用户展开的工作都可以称为用户运营。拉动新用户是用户运营的基础，当然也是运营的首要目的。拉到新用户之后，如何留下用户，如何持续地推出让用户感兴趣的内容也同样是工作重点，只有符合用户的喜好，才能保证用户的留存率。留存率稳定了之后，我们就应该提升用户的黏性，提高用户的互动，让用户活跃起来，最终才能把用户转化为消费者，实现我们商业变现的目的。

4. 社群运营

随着短视频创作者的大量涌入，短视频内容发展到今天已经不是简简单单的风景加音乐、个人换场景的玩法就可以获取巨大流量的时候了，更多优质创作者的加入让短视频流量的竞争变得日益激烈。大家都在寻求快速提升短视频播放量和点赞评论互动量的方式，想快速地在短视频领域博得一席之地。

做好社群运营成为新媒体发展的必经之路。当我们积累了一定数量的粉丝之后，我们就可以把这群打上共同标签的粉丝聚集到一起，利用QQ或者微信让粉丝们分享讨论，从而增加粉丝的黏性。同时，我们也能深度了解粉丝，并不断改进我们的内容和题材，还可以通过一些收费群来提供给粉丝一些服务，从而获取一定的收益。

五、做短视频成功的案例

5G时代来临，意味着短视频行业的第二次春天降临，这对还没有涉足短视频行业的人来说，是个不错的消息。接下来，我们聊聊短视频创业成功的几个案例，希望大家看完之后能有所启发。

六大短视频账号案例

1. 陈翔六点半

陈翔六点半从2014年开始每天连续发布，后来又入驻了抖音、快手等短视频平台。短视频内容以夸张幽默为主，展示了我们生活里常见的“屌丝”人群的种种囧事，每一个短视频由一到两个情节组成，内容富含转折和笑点，让用户在碎片化的时间通过最方便的移动互联网平台得到解压和获取快乐。

2. 办公室小野

这个账号相信大家都比较熟悉，因为其本身也是一个比较知名的自媒体账号，当初一个女孩子在办公室用饮水机煮火锅的视频传遍了整个网络。而视频的主角小野也瞬间成了网红，之所以小野能持续地输出优质的视频内容，可以说离不开其背后的团队支持。办公室小野其实是洋葱 MCN 团队打造的一个 IP，这也是 MCN 成功的案例之一。

3. 多余和毛毛姐

多余和毛毛姐因为一句“好嗨哟，感觉人生已经到达了高潮，感觉人生已经到达了巅峰”在抖音上大火特火，这句话在当时更是被众多网民当作了一句口头禅。这是无忧传媒旗下的 IP，视频中的多余和毛毛姐其实是一个人，只是分别饰演了不同的角色，用带有地方腔调的方言吐槽和调侃生活中种种有意思的事情，在短时间内就吸引了 1000 多万粉丝。

4. 面筋哥

《烤面筋》这首歌大家应该都有所耳闻吧，这首歌最初来自于哔哩哔哩的一首原创歌曲。唱歌的面筋哥最开始也只是一个普通的街头艺人，收入微薄，比较落魄，在参加了一档唱歌类综艺节目后，因其特殊的“气质”开始被网友所知，但他的命运被彻底改变还得从这首《烤面筋》的原创歌曲说起。这首歌因为歌词十分有趣，旋律也很接地气，容易传唱，广大网友直呼被洗脑，接踵而来的是各路大神把原视频进行二次创作改编，然后井喷式地发布到各大视频平台。夸张的表情，接地气的歌词，让网友们乐此不疲。

5. 一禅小和尚

一禅小和尚属于短视频领域中的比较特殊的种类，他是由某网络科技有限公司创作的 3D 动画。动画的主人公是一老一少两个和尚，小和尚调皮机灵，老和尚则总能通过视频内容说出一些富含人生哲理的话语，可爱的形象加上持续输出的人生道理，一时间吸引了大批短视频用户的关注。

6. 李子柒

看过李子柒短视频的人应该都会很羡慕她那闲云野鹤般的神仙生活吧，国风元素加美食元素，吸引了不少看客。最开始，从视频拍摄到后期制作，都是李子柒一个人完成，后来团队的加入，让李子柒定位更清晰，视频整体质量也上了一个新的档次，粉丝数量也在快速增长，随之而涨的还有其商业价值。

短视频的定位很重要，在做好内容的基础上摸索出更多适合自己的途径，才能达到你想要的目标。

抖音头部账号的经典案例

1. 段娟娟

她有惊人的歌喉，翻唱爆款歌曲，瞬间吸引上亿流量，结合青春校园元素（校服女孩），自拍翻唱时只露出半张脸，加上极好的运气，爆款视频自然而成。

2. 七舅脑爷

剧情简单但贴近生活，能引起用户的共鸣，轻而易举带动用户情绪，加上成熟的演技，又融入推理元素，稳定的账号风格和固定元素，无论是形象还是题材抑或是背景音乐，都做得极好。

3. 喵格

主推低价精品的国货美妆类产品，疯狂地对各类产品进行评测，其身份和推荐的产品与粉丝的融合度极高。规划好目标人群，选定正确的内容，用固定的口号打造稳定的风格。

4. 会说话的刘二豆

刘二豆是两只“会说话”的猫，这类打法就是给动物赋予人格，赋予剧情，再策划幽默的内容配上巧妙的音效，深受广大用户的喜爱，捕获了千万粉丝，美团、蒙牛等大咖都找这两只猫打广告。

在短视频平台，能爆火的视频其内容都很重要，同时框定目标群体也很重要，大家多试错多摸索，多总结成功账号的特点。

下面分享给大家部分抖音大号的数据（不完全统计），数据截至2019年（见表2－1）。

表2－1　部分抖音账号详情表

昵称	分类	粉丝数（万）	获赞数（万）	分赞比
陈赫	娱乐	5948. 5	25947. 6	0. 21
Dear-迪丽热巴	娱乐	5733. 7	15381. 8	0. 35
一禅小和尚	二次元	4804. 5	24973. 8	0. 18
会说话的刘二豆	萌宠	4600. 9	40971. 2	0. 10
Angelababy	娱乐	4070. 6	9517. 5	0. 43
陈翔六点半	搞笑	3947. 3	33195. 8	0. 12
人民日报	时事	3890. 4	132486. 4	0. 03
何炅	娱乐	3399. 3	7647. 9	0. 44
papi 酱	才艺	3361. 6	16967. 4	0. 18
摩登兄弟	才艺	3348. 0	23274. 2	0. 14

续 表

昵称	分类	粉丝数（万）	获赞数（万）	分赞比
央视新闻	时事	3293. 8	71756. 0	0. 05
冯提莫	才艺	3284. 7	12651. 4	0. 23
麻辣德子	美食	3246. 4	18718. 8	0. 15
多余和毛毛姐	搞笑	3244. 7	29621. 1	0. 11
祝晓晗	搞笑	3017. 2	38720. 1	0. 07
七舅脑爷	情感	3009. 9	27394. 4	0. 10
黑脸 V	才艺	2389. 4	15093. 8	0. 15
李子柒	美食	2169. 9	6519. 8	0. 28
周冬雨	娱乐	2015. 8	2586. 2	0. 72
虎哥说车	汽车	1930. 9	10463. 4	0. 18
钟婷 XO	搞笑	1731. 5	20461. 1	0. 07
食堂夜话	美食	1704. 2	12949. 1	0. 13
忠哥	搞笑	1615. 4	7926. 4	0. 20
毒角 SHOW	旅游	1611. 9	8359. 5	0. 16
潘长江	娱乐	1557. 3	10353. 8	0. 15
王祖蓝	娱乐	1535. 0	9782. 9	0. 16
四平警事	时事	1492. 0	9378. 4	0. 16
今日头条	企业	1477. 3	584. 1	0. 20
许华升	才艺	1463. 7	10681. 4	0. 12
杜子建	情感	1461. 7	4874. 8	0. 26
仙女酵母	情感	1431. 3	14187. 0	0. 10
小沈龙	娱乐	1390. 8	5954. 7	0. 23
许君聪	社会	1311. 7	8721. 4	0. 15
路边小郎君	情感	1352. 5	22521. 2	0. 06
大 G	萌宠	1291. 6	11911. 6	0. 10
猪小屁	二次元	1288. 1	8181. 7	0. 12

续　表

昵称	分类	粉丝数（万）	获赞数（万）	分赞比
哇喔	科技	1181. 9	6229. 4	0. 04
老丈人说车	汽车	1147. 1	7509. 4	0. 13
尬演七段	搞笑	1110. 2	10733. 0	0. 10
大师说车	汽车	1089. 8	3716. 7	0. 27
爆笑三江锅	搞笑	1088. 5	4782. 4	0. 17
黄三斤	社会	1014. 1	9048. 7	0. 11
魏大勋	娱乐	1030. 6	1880. 7	0. 54
小品一家人	二次元	1026. 2	11641. 0	0. 08

截至 2019 年 9 月 2 日 12 时，抖音平台总粉丝数在 3000 万以上的账号至少有 22 个，2000 万以上的账号至少有 45 个。

其中，开通橱窗卖货的千万级大号占一大半。娱乐、才艺和搞笑类账号属于抖音吸粉能力最强的类别，在千万级粉丝账号里，这类账号就占了一半。

短视频平台有哪些？

一、抖音的玩法你知道多少？

想在抖音做短视频，就必须要了解一下抖音平台的推荐算法。正所谓知己知彼，方能百战百胜。没有弄清楚一个平台的玩法就开始盲目上手的话，最后的结果也只能是草草收场。

1. 抖音的推荐算法

算法，说白了就是一套评判的机制，而这套机制，不管是对内容的创作者还是对内容的观看者，都一样有效。对普通用户，抖音的推荐算法会根据用户的一些互动如点赞、关注、评论、转发等进行判断，为用户贴上标签，将用户划分为某个垂直细分领域的喜好者，同时也将用户划分为不同类型，如优质用户、沉默用户等。而对于抖音平台的创作者，抖音的推荐算法则会判断他们有没有违规，是不是营销号，是不是要关进所谓的小黑屋等，如果判断是优质的创作者，内容也符合平台的调性，那么抖音平台就会给予一定的流量扶持。

2. 抖音算法的步骤

第一步，审核。当我们在抖音平台上传了视频之后，第一步就是机器的智能审核，审核内容包括视频画面、标题、视频里面的音频和文案等，主要是看我们的视频是否与别人的视频重合度过高，是否属于搬运，视频内容有没有带广告或水印，内容是否血腥、不雅，标题有没有敏感词之类的，等等。如果文案或视频、音频出现了平台所禁止的内容，视频就会审核不通过被打回或者被判定为不适宜公开，也就是不会有任何流量，只有发布者自己能看见。

第二步，智能分发。如果没有以上说到的违规内容，系统就会结合我们的关键词来匹配两三百的初始流量给我们。系统会根据视频的内容贴上不同的标签，比如搞笑、农村、正能量等，然后再由系统小范围地把视频内容推送给对这些标签同样感兴趣的用户，根据用户对待视频的不同结果再计算是否能获取更多的流量。其实主要看的就是几个要素：播放量（完播率）、点赞量、评论量和转发量。

第三步，大范围推荐。如果我们的视频在第二步的时候获得了比较好的用户反馈，视频就会被系统推荐到更多的用户面前，这也就意味着我们的作品进入了新的流量池。这次的流量大致是 1000 到 5000 左右，如果在这个流量池里我们获得的用户反馈也不错，视频内容就会再进入更高的流量池，被推荐到更多的用户面前，获得几万甚至几十万的流量。以此类推，如果依旧反馈较好的话，抖音平台就会开始结合人工进行审核，来衡量视频到底能不能继续进入更高的流量池，从而上热门。

3. 为什么流量会停止？

根据抖音的算法机制，视频发布后的第一个小时很重要，如果在作品发布后的第一个小时内，我们的播放量就达到了 5000，点赞达到了 100，那么就有 90%的可能会进入一个新的流量池。在一个更大的流量池里，如果视频的播放量和点赞数之比也超过了 100：1，那恭喜你，这个视频估计会一直爆，一直不断地进入更大的流量池。但是当流量达到了 1000 万之后，平台会对视频内容进行二次人工审核，如果人工审核发现视频有打擦边球问题，流量就会被终止。这就是我们很多视频明明流量跑得很好，但是突然就一下子卡在那里不跑了的原因。

4.“挖坟”模式

“挖坟”模式其实就是抖音平台的二次推荐，只是被大家戏称为“挖坟”。例如，有的视频发布后，流量跑了几千，但是点赞很少，那么根据抖音的算法，这个视频就无法进入新的流量池，基本上就停止推荐了。但是，如果遇到有用户通过创作者的其他视频进入了创作者的主页后再次点开了这个被停止推荐的视频，而且进行了点赞或评论的互动行为，那么这个行为就可能带来一小波新的流量，如果在这一小波新的流量里给这个视频的点赞较多，这个时候，平台就会重启对这个视频的推送。

二、“快手”真的只是北方人在玩吗？

1. 快手的发展历程

2011 年 3 月，快手以 GIF 制作的形式问世，命名为 GIF 快手。初期，快手还主要以微博类社区作为应用场景，迎合当时的斗图文化，完成了最早的用户积累。

2012 年 11 月，快手转型成为短视频社区，没有过渡的强制转型受到了网上的一阵恶评。因为用惯了 GIF 模式的快手老用户的认知比较难以扭转，对于他们来说，就等于失去了一个方便好用的工具，而对于广告主来说，失去了一个优质的投放渠道。

直到2014年年初，快手才正式推出了算法推荐的机制，利用推荐算法让用户的喜好和展现的内容相匹配，提升了用户的体验，快手的下载量才得以恢复并有所提高。

到2015年1月，快手平台的用户突破了千万；2017年12月，快手的日用户活跃突破1.1亿；截至2020年年初，快手的日活跃用户已经达到了3亿。

很多人都听过一种说法，“南抖音，北快手”。其实这个说法是有一定道理的，因为快手本身在北方具有特别深厚的用户基础，特别是在河北、辽宁、山西等北方地区占明显优势。快手的城际分布在三四线城市较多，近期才逐渐提升了一二线城市用户的占比。依据2019年7月24日快手披露的数据，快手已经拥有了超过6000万的一二线城市的活跃用户，是新增用户的一半，意味着快手也逐渐发展成一个全民应用。

2. 快手的算法机制

快手的内容分发机制是去中心化、公平普惠的，不论是明星大咖还是草根百姓，不论是在繁华的大都市还是在慢节奏的乡村，快手认为每个人都值得被记录、被分享和关注，因此平台不会对任何明星、网红搞特殊。正是因为快手的去中心化的公平机制，激发了越来越多的用户在平台上进行创作发布，表达和展示自己。无论男女老少，也不论是社会哪个阶层的用户，都能通过快手抒发表现欲望，因此快手的视频内容也逐渐多元化起来。

3. 快手的账号数据

快手在2019年实现了粉丝10万+账号的持续稳定增长，在2018年年末，快手平台拥有粉丝量超过10万的账号为40000多个，2019年同比增长40%，这些数据说明快手平台的优质创作者在不断增加，这些账号也在不断积累粉丝，整体生态处于良性增长阶段。快手平台创作者粉丝 30 万以下的账号占 62. 85%，这也说明了快手平台的创作者数量十分充足。快手平台上粉丝量在 300 万以下的账号占 78. 19%，各粉丝层级的账号数量都在稳定增长。

4. 快手的用户圈层

快手的视频内容与抖音相似，基本也涵盖了幽默、萌宠、剧情、美食和时尚等元素。快手平台为不同圈层的用户提供了展示自我的平台。与抖音不同的是，快手的内容生产者涵盖了各行各业的人群，其中相同圈层的用户更能形成共鸣，形成一种信任关系，从而积累一定的粉丝到转化为私域流量。由于圈层的原因，某些账号也许无法成为头部账号，但是其可以满足不同人群的需求。

5. 老铁文化的逆袭

网络上曾经有人称快手是“牛鬼蛇神大本营”。实话实说，在快手早期的时候，平台里的视频内容用这个称呼一点也不夸张。早期的快手平台的内容的确给大部分用户带来一些不适，但其中有的直播例子也让人看到了“牛鬼蛇神”之后的一些积极的诉求。

当初的短视频平台以及自媒体的普及程度还没有到现在这个高度，城市与乡村之间的文化元素的对接显得十分匮乏，所以猎奇的方式自然而然成为效果最佳的一条通道。部分乡村文化账号把自己打造成为畸形文化，利用猎奇心理对城市进行不断的文化输出，并期待得到城市的反馈，以此谋求打破文化的边界。那时候的快手平台还处于一种“文化自卑”的状态，自身的文化和产业化更有待成形。

在快手的发展历程中，“老铁”这个词突然迅速传播开来，至于是不是因为上面提到的原因而兴起的，现在已经无法考证。但是据说是来源于某东北主播在短视频和直播中经常用到的一些语句，例如“老铁们，来一波双击666”“老铁们，礼物刷起来”等。类似于这样的口号，当初在快手的直播间可以说是经常听到，所以“老铁”也逐渐成为快手在那个阶段的文化代名词。

在那个时期的快手用户群体中，除了老铁文化兴起以外，还有一股“清流”——杀马特家族。杀马特家族与老铁们不同的地方在于，杀马特已经有了一套自己相对完善的亚文化系统，其文化属于外来的，而我们的老铁文化是实实在在的本土产物。老铁文化与快手用户的契合度更高，同步率也更高。现如今，杀马特群体已经淡出了人们的视线，老铁文化也已经成功转型。

之前，我们统计过抖音的大号，下面是部分截至2020年7月10日0点的快手大号数据。据说快手千万级粉丝的大号中，每四个大号就有一个是来自东北的（见表3-1）。

表3-1 快手大号详情表

昵称	分类	粉丝数（万）
快手小店	科技	5945.4
辛有志 辛巴818	娱乐	5175.9
央视新闻	时事	4226.1
人民日报	时事	4209.8
梁笑笑	搞笑	1005.9
花姐 狂狼	娱乐	1017.2
小兰别动	搞笑	1020.8
九天狐狸	娱乐	1021.6
浪白绝地求生	游戏	1022.0
小张老师	搞笑	1027.8
赵梦澈	生活	1029.9
艺人~魏三	娱乐	1030.7
快手星闻	娱乐	1037.7
姜鹏 赢在江湖	娱乐	1053.3

续 表

昵称	分类	粉丝数（万）
萌小茜 Ccc	美食	1059. 5
爱与二歪	搞笑	1060
一禅小和尚	情感	1063. 9
狗哥杰克苏	二次元	1062. 1
广东雨神	搞笑	1076. 8
高火火	娱乐	1105. 4
石头花不卑不亢	母婴	1117. 2
李耀阳.	娱乐	1154. 8
宋晓峰哥	娱乐	1186. 0
可乐大人. 525	搞笑	1145. 1
莫邪 MM.	搞笑	1227. 7
亿人健哥.	生活	1230. 8
少东和平精英	游戏	1231. 4
陶大帅	娱乐	1232. 0
韩美娟	搞笑	1233. 4
四爷.	时尚	1274. 3
我是王泡芙	萌宠	1274. 9
牌王马洪刚	生活	1286. 8
农村会姐	美食	1334. 1
西木西木	搞笑	1350. 0
演员 雪姐	搞笑	1361. 4
中国警察网	时事	1365. 3
农村娃宝军	娱乐	1375. 2
小沈阳	娱乐	1375. 3
快手五哥	才艺	1400. 6
我是你的 CC 阿	美食	1452. 9
蛋蛋小盆友	娱乐	1486. 1

续 表

昵称	分类	粉丝数（万）
刘妈妈的日常生活	美食	1490. 1
芋头赶快跑	搞笑	1505. 5
王小国	时尚	1478. 0
刘一手	娱乐	1600. 8
荣耀张大仙	游戏	1656. 6

三、“西瓜视频”是短视频吗?

西瓜视频和抖音其实都是同一个公司的 App，他们都出自字节跳动这个公司。虽然西瓜视频和抖音都是视频平台，但是它们功能上有着明显的不同。

抖音的视频一般在 15 秒到一分钟左右，更短的甚至只有几秒钟，所以从视频的时长上看，抖音的时间更短；而西瓜视频的视频长度基本都在一分钟到 30 分钟左右，不同于内容浅显的短视频，与其说西瓜视频是短视频平台，倒不如说它是一个有深度的中视频平台。中视频的内容深度有更高的要求，且富含一定的专业知识，相比短视频的随意性，中视频无论在拍摄还是后期制作上都更为精美和专业。

西瓜视频是瀑布流的推荐模式，这种模式由用户的主观意识点击观看而非平台推荐内容观看，这就大大避免了一些不感兴趣的内容。同时，西瓜视频所涵盖的体系更加广阔，涉及的视频领域的面也更广一些，提供给用户更多可查看的内容。因为西瓜视频的时长较长一点，所以其内容演绎得也比较完整，整体故事性更强一些。

西瓜视频的内容生产主要是以 PGC 的模式，同样通过独有的算法来分析用户在视频上的停留时间、观看记录等来进行推荐。目前视频内容的领域涵盖搞笑、军事、时事、美食、生活、小品和影视等，基本上可以说是应有尽有。

截至 2019 年，西瓜视频的用户已经超过了两亿人，平均使用时间超过 70 分钟，日均播放量也达到了 30 亿之高。中视频位于短视频和长视频之间，很好地填补了这个空白。虽然日常人们都以碎片化的时间来刷短视频，作为放松娱乐和打发时间的途径，但是短视频由于长度过短，满足不了很多用户对深度内容的需求；而长视频虽然内容更为详细，但是快节奏的生活很难让人挤出这么多时间去观看。

了解了西瓜视频的定位之后，接下来我们来看看西瓜视频的推荐机制到底是怎么进行的。

首先，相对于其他平台，西瓜视频的审核标准更严格一点，每个上传的视频都会进行审核，所以在刚发布之后，别人是不能立即看到我们的作品的，审核通过之后才会进入推荐的环节。西瓜视频会提取视频内容和用户的兴趣特征，将内容和用户的画像相匹配，从而做到精准地分发和推荐。说简单点，就是系统会提取我们视频中的关键信息，例如标题、画面内容或音频内容，然后根据这些关键信息把我们的内容推荐给可能对这一类视频感兴趣的用户。比如说我是一个太空迷，那么有人发布了一条宇宙行星类的视频，系统就很有可能把这条视频推荐给我这类对太空内容感兴趣的用户。

如果初期推荐的用户中有一大半人都点击播放了你的视频，并且在你的视频上有所互动，比如点赞、转发或者评论等，有了这一系列反馈，系统就会判断这个视频是符合这部分领域用户需求的，接下来就会把这个视频推荐给更多具有这类爱好的用户，如果更多的用户也点击播放了这个视频，且产生了良好的互动行为，那么视频将持续获得推荐，进入新的一轮推荐环节，如此就会像滚雪球一般，循环反复，节节攀升。如果在某个推荐环节中，你的视频点击率很低或者产生的互动行为很少，那么推荐就会减少直到停止。

在了解了西瓜视频的推荐机制后，我们重心就应该放在作品上了。是什么原因让作品得不到推荐，创作的时候我们应该注意什么，等等，在这些问题上，其实大家可以通过一些方式进行自查。

首先，我们的视频不能含有违规的内容，比如色情、赌博、低俗和暴力等低质的内容。

其次，如果我们有的视频播放量不理想，但内容又没有违规行为，可以看看是不是视频带给用户的体验不好，比如说画质不够清晰，画面比例不对，音频画面不同步，画面加了边框或者说调色不够好等情况，这些都有可能导致用户的体验不佳，从而给视频带来负面的评价。

还有一点就是奉劝大家不要做标题党，如果你的标题写得很吸引人，但是别人点击播放之后，没看多久就关了，或者认为你的标题和你的视频内容根本没有联系，那么这条视频的平均播放时长就会很短，系统自然会判定用户对你的这个视频内容不感兴趣，从而降低这个视频的推荐量甚至是停止推荐。

四、“内涵段子”为什么被封禁？

内涵段子是一款包含了各类段子文案、搞笑图片、幽默短视频、“脑洞神评论”和精华等多主题、多题材的社交 App。创立于 2012 年，主打搞笑娱乐社区，跟抖音一样都属于字节跳动公司。但在 2018 年 4 月 11 日，内涵段子平台被永久关停了，这让千万“段友”们失去了大本营。内涵段子被关停的事件在当时还掀起了一场不小的网络舆论，那么内涵段子为什么会被永久封停呢？

责令内涵段子封停的是国家广电总局，而广电总局给出封停的原因是，该平台存在导向不正、格调低俗等突出问题，引发网民的强烈反感。为了维护传播秩序和清朗视听环境，所以根据相关法律法规，责令内涵段子永久关停。

内涵段子 App 开设了多个频道，其中有图片、段子、视频和同城等。大多数的段子用户接触最多的是内涵段子 App 推荐频道，这里面包含了大量的图文和视频，如果单是看这个频道的话，可以说其并不低俗，其中也有一些正能量内容。然而，其他频道却有一些导向不正、格调低俗的东西。

内涵段子平台放弃投稿审核之后，平台的流量确实得到了剧增，截止到 2016 年 10 月 13 日，单是苹果系统的日下载量就突破了三万，之后的数据更是呈直线上升。

是谁“杀”死了内涵段子呢？答案相信大家已经找到了，是它自己，它是自取灭亡。

五、“好看视频”到底好不好看？

好看视频是百度短视频的旗舰品牌，以轻松娱乐的内容为主，影视娱乐类占比较高，另外还含有丰富的知识技巧分享的视频内容，如生活技巧、美食和教育等。好看视频拥有较多的优质创作者，其中创作者分布最多的领域是影视、美食、生活和游戏等，其中就有人民日报、央视新闻、李子柒等优质的创作者聚集在这个平台，为平台用户提供更丰富更优质的内容。

截至 2019 年，好看视频日活跃达到 1. 1 亿，短视频播放量达到 30 亿，好看视频背靠百度这棵大树，百度 App、百度搜索、百度贴吧、百度浏览器、小度在家、百度知道等多个流量入口为其导流，2019 年 6 月数据显示，在所有短视频平台中，三分钟以上时长的视频播放量，好看视频平台稳居行业第一。

好看视频的中坚力量来自三四线城市的年轻人和一二线城市的中年人，其中男性用户使用好看视频观看内容的时长是女性用户的 4. 6 倍，但是平均播放完成度只有女性用户的 50%，而女性用户虽然观看的时长没有男性用户多，但是她们的视频观看完整度更高。那么她们都在用好看视频看什么呢？数据显示，男性用户更关心体育、军事和时政类国家大事的内容，观看内容最多的为汽车方面的内容，最少的为才艺展示类；女性用户绝大多数喜欢观看种草类、萌娃类、创意类和美食类的内容，其中最多的观看内容是炫物类，最少的是美食类的内容。

好看视频的用户中哪里人最多呢？广东、四川、浙江等区域的用户最为密集，而广西、山西、河北、北京、湖北、湖南等地的用户玩得最久，其中，北京、成都、重庆的用户最为活跃。不同城市的用户使用好看视频平台也各有差异，三线及以下城市的用户看好看视频内容的时间最长，新一线和一线城市用户播放完成度更高。

六、“哔哩哔哩”——二次元与游戏的天堂

哔哩哔哩常常被大家称呼为 B 站，是在 2009 年诞生的一个弹幕视频分享网站。B 站是一个具有超强互动分享性和二次元文化创造的社区，其特殊功能是视频播放的时候悬浮于上方的实时评论功能。

十几年过去，B 站已经从开始的二次元发展到了现在的 Z 时代，其规模相当巨大，与抖音和快手等短视频平台有着明显的差异化。B 站的用户注册门槛不低，每个初到 B 站想要注册的用户必须像考试一样答完一些试卷，并且达到一定分数线才有资格注册，其试卷的大部分内容和当下的一些流行用语、梗、二次元等相关。

B 站当初最吸引用户的，无外乎是屏幕上飘过的一行行弹幕，以及弹幕背后一个个拥有共同兴趣的灵魂。发展到现在，B 站已经成为了 Z 时代年轻人主要娱乐、互动、交流和学习的一个综合文化社区。这显然已经和腾讯、爱奇艺等大众娱乐的视频巨头存在着无法避免的“争锋”。同样，

从商业角度出发，与一般的短视频 App 不同，哔哩哔哩的主要竞争对手为腾讯、爱奇艺、西瓜视频等平台，

从 B 站成立开始，就对社区氛围十分看重，其优质的社区属性聚焦了海量对二次元和电竞等有着浓厚兴趣的元老级用户，而其他的竞争对手从成立开始就明确地定位为大众娱乐的综合类视频平台。截至 2019 年 11 月，哔哩哔哩活跃用户高达一亿多，人均单日启动 5. 3 次，人均单日使用时长 62. 3 分钟，人均月度使用天数 7. 6 天。B 站在二次元这一垂直领域的独占率高达 6%，这也体现出了 B 站在二次元这个领域的龙头地位。

看到了 B 站和同样的视频平台的差异，我们再来看看 B 站和如今如火如荼的抖音短视频平台有哪些不同呢？

首先，B 站目前还处于一个破圈的过程，而抖音已经成为了国民流量平台。早在 2020 年 1 月，抖音的日活跃用户就达到了四亿，这就意味着每天每四个中国人中就有一个人打开了抖音 App，而 B 站的日活跃只能达到 5000 万左右，抖音差不多是其八倍。而最为要命的是，抖音的数据还保持着增长的势头，而 B 站已经逐渐放缓了速度。其主要原因还是视频的内容，抖音是泛娱乐为主，面向更广的人群，没有门槛，没有文化限制；而 B 站的内容相对要复杂很多，其二次元动漫、鬼畜和电竞等垂直领域内容首先就把对这些不感兴趣的用户挡在了门外，即使有的用户硬性融入这个圈子，他们也会发现有的视频根本看不懂，这导致 B 站还不能成为国民平台。破圈对 B 站十分重要，但其路程是艰难的，至于 B 站能否破圈成功，我们拭目以待。

前面我们探讨了抖音的推荐算法机制，其分发几乎都是完全依赖系统算法的，而 B 站虽然也有推荐，但是 B 站的老用户更习惯于通过所关注的 UP 主的动态来获取视频内容。

在商业模式上，抖音和 B 站也有所不同，抖音是沉浸式体验，大部分靠的是信息流的广告，而 B 站坚持不在视频内容上做贴片广告。2019 年在抖音赚得盆满钵满的时候，B 站广告收入才 2. 9 亿元。看到这里，大家是不是觉

得作为一个创作者，在抖音平台上赚钱更容易一些？其实也不是绝对的，信息流广告的钱基本上是平台收走的，极少有广告主以这种形式投给创作者，而 B 站的创作者则不同，他们积累了一批属于自己的忠实铁粉，且黏性非常高，基于这样的黏性，创作者自己的商业变现方式就会很多且很容易，例如带货的效果就很不错。但抖音也有抖音的优势，通过抖音的系统推荐算法，只要你的作品足够优秀，你很有可能快速爆出热门视频，从而快速积累粉丝，成为头部账号，而在 B 站积累粉丝和关注的过程比较辛苦。

七、“皮皮虾”是曾经的“内涵段子”吗?

距离内涵段子平台被关停已经过去好几年了，大家可能有所疑惑，在这里为什么我突然又提到了内涵段子呢？在内涵段子被关停后，“段友”们都很期待有一天平台可以回归，但实际上内涵段子并没有回归的可能。这个时候，一个叫皮皮虾的 App 带着众人的期盼上线了，据说是由内涵段子原班人马打造，这让众多“段友”看到了希望。那么，皮皮虾真的是内涵段子重生吗？

皮皮虾平台一上线，通过抖音进行大量广告推广，不少段友都回归了，不过大家互相之间不再称呼为“段友”，而是改口称为“皮友”了。

皮皮虾刚刚上线两个月的时间，注册用户就已经接近 70 万人。大概是因为出自同一批团队之手，皮皮虾的某些功能与内涵段子的功能相似，但基于内涵段子被关停的前车之鉴，皮皮虾表现得如履薄冰。皮皮虾整个平台推送也主要以视频和图文两种形式，初期平台内容极少，全靠创作者不断搬运，起初整个平台的视频内容大部分都来自于抖音上抓取的内容。

截至 2019 年 6 月，皮皮虾上线一年，月活跃用户达到 1887 万，日活跃用户达到 627 万，人均单日使用次数为 12 次，人均单日使用时长为 25.

4 分钟。皮皮虾以男性用户居多，其中 19 岁到 35 岁的用户占 70%。皮皮虾的用户目前更偏好于美食、汽车和生活类的领域。

八、“小红书”是短视频平台吗？

在短视频行业竞争日益激烈的当下，除了新浪微博、腾讯之外，小红书也加了进来，想从中分一杯羹。小红书从本质上来说属于内容分享电商平台，平台分别有电商销售者、消费者和内容分享者三种身份，消费者通过分享者的“种草”促成与销售者的成交，三者为相互依托的关系。

而如今的小红书在原有的图文形式上开启了视频号，暗暗地向中长视频赛道冲锋。小红书视频号支持最长 15 分钟的视频内容发布，且对视频号的创作者有着庞大的流量扶持，截至 2020 年 7 月，小红书共入驻了三万多个品牌，这也为视频号的创作提供了海量的合作资源。

不同于其他泛娱乐的短视频平台，小红书的用户更偏好生活类视频内容，如美妆时尚、旅游等，小红书拥有一亿用户群体，且主要以小资女性为主。小红书平台本身是以“种草”火起来的，所以它的主要内容更多偏向于美妆时尚的领域，未来随着不同用户的加入，相信各种内容消费的需求也会逐渐增多。

目前，小红书的短视频号还处于成长阶段，这也将给大家在短视频行业创业提供更多的机会和流量的扶持。

小红书的视频号主要有三大功能：首先是创作中心的数据开放，创作者可以通过数据对账号的运营进行分析和改善；其次是视频的合集，在抖音平台上想要开通合集功能是需要一定门槛且不容易达到的；最后就是目前小红书的视频发布时长最长可以达到 15 分钟。

九、“微视”和“微信视频号”有区别吗？

微信视频号刚刚推出的时候，只有部分人拿到内测资格，拿到资格的人赶紧开通了视频号，大家都抱着错过了抖音和快手不能再错过视频号的架势，热情洋溢地开始了对视频号的摸索，那么微信视频号和微视的区别在哪里呢？

微信视频号和微视同是腾讯旗下开发运营的产品。微视是一个独立的 App，而视频号是镶嵌于微信 App 里的一个小程序，其重要程度仅次于微信朋友圈。微视跟抖音、快手一样，偏向于泛娱乐化，而微信视频号更注重优质的内容和价值的输出，虽然没有抖音和快手那么高的娱乐属性，但视频号上可以获取更多的技巧、知识和经验。目前，微信视频号已经和微信朋友圈实现了互通，在视频号的下面可以插入微信公众号的文章链接，而微信朋友圈可以通过微视发布 60 秒的视频，打破了以往微信朋友圈只能发布 10 秒视频的限制，大大提高了用户的体验。

目前微信视频号已经全面开放，每个人都可以开通视频号，步骤十分简单，花一分钟时间注册开通之后便可以创作发布视频了。视频号背靠着微信，利用微信庞大的用户基数，所以其流量之巨大可想而知。与快手、抖音等短视频平台一样，微信视频号也有一套自己的算法逻辑，目前一共有三种算法推荐：一是附近位置推荐，二是私域流量推荐，三是兴趣算法推荐。视频号里有一个类似抖音同城的位置图标，在这里会把你的视频内容展示给附近几公里的用户，这一点可以为线下实体店的商家提供更多的精准流量和商机；视频号还巧妙地利用了自身的社交圈，微信好友就是视频号的第一批粉丝，熟悉的朋友会为你的视频点赞、评论，帮你把视频内容推荐到朋友的社交圈里；兴趣算法的推荐跟抖音、快手相似，系统会根据个人的喜好和浏览习惯来匹配推荐相应的视频内容。

抖音平台深度解析

一、抖音账号运营的基础知识

1. 做好抖音的账号定位

首先要弄明白自己是谁，要给自己拟定一个人设，包括人物的外在形象、内在性格等，这是展现给用户的一个最直观的形象。你是谁，是做什么的，拟定的人设是做什么的，这将决定你能获取到多少粉丝以及什么样的粉丝群体，找到自己的优势和粉丝群体，挖掘能为观众提供的价值，才能更好地打造出一个能涨粉和变现的人设。

其次，账号的名字、头像以及内容简介也十分重要，因为这是给别人的第一印象。一个好的名字不但可以表达出自己的愿景和期许，还能更容易让大家记住你。

那么，一个好的名字有哪些标准呢？容易被记住，容易被理解，容易关联，好传播。

如果是垂直型内容账号，大部分都是为了后期卖货变现，所以建议用特定人群作为昵称或以职业作为昵称，职业及人格化的词语更能让用户感受到这个账户是一个真实的人而非营销号，如“贴膜游击队”“文案小仙女”等。

想好了一个合适的名字，接下来我们还需要一个能帮助用户认知我们的头像。记住，千万不要随随便便用风景、动植物或者动漫作为头像，因为这缺少了头像可以传递的价值，用户通过头像不能及时感知我们到底是做什么的。一个合适的头像一定是能让用户快速认知的，比如个人号，建议用个人形象结合职业元素作为头像，如果是企业就可以用商标或者品牌的 LOGO。头像可以不炫酷、不华丽，但是第一印象一定要给人舒服的感觉。

昵称和头像之后，能更直接给用户加深印象的就是一条好的简介内容。简介的内容一定要让人容易理解，用简洁的文字告诉大家我们能为大家提供什么，带来什么好处。如果你还不知道应该怎么去拟定这些，建议可以去看看已经成熟的账号，完全可以先进行模仿，降低试错成本。

搭建好账号之后，如何规划自己的作品内容呢？建议大家按照自己之前想好的瞄准的领域和变现的途径去平台找出 10 个类似的大号，把这些大号的粉丝数、每个视频的点赞量和评论量做一个比较，然后做一些总结归纳，这样更有助于在自己账号运营的时候把别人好的地方都借鉴过来，把不好的地方避开和进行优化。

2. 合理利用抖音的算法机制

抖音是根据用户的点赞、关注、评论、转发等互动行为来进行标签分类的，然后根据这种分类喜好来推荐用户可能感兴趣的视频。

了解了抖音的推荐算法之后，我们就要想办法利用好抖音的这个机制，比如视频的发布，我们要选择合适的时间。据网络统计，62%的用户刷抖音都是在饭前和睡前，而真正在上下班途中、上厕所等碎片化时间刷抖音的用户只有10. 9%，所以对于发布视频最好的时间，没有一个完美的统一标准，一般建议大家在周一到周五的中午12点前、下午18点前或者晚上21点左右发布；如果是休息日，全天时间都可以发布。其实也可以思考下自己的作品内容，其相对应的用户群体基本会在什么时候刷抖音，举例说，鸡汤、情感类的就适合在晚上21点之后躺在床上静静地观看；而励志、职场类的，一般早上发布比较好，因为这正是上班族刷视频的黄金时间。

3. 如何制作优质的内容？

在抖音平台上，什么样的短视频内容才有可能上热门呢？正能量、有趣味、真性情、有学习价值、有内涵底蕴和有实用性等，这一类视频内容具有上热门的潜质。一个优质的短视频首先必须要遵守平台的规则和站在用户的立场，拥有合适的背景音乐和表达形式，再加上分镜头的创意和演员的演技。

账号顶部图片也会给我们的账号锦上添花，观众通过刷到你的视频内容，对你的视频感兴趣从而点击你的头像进入主页。一张优质的顶部图片可以让用户快速了解你，顶部背景图一般尺寸为1120 * 400像素，而图片内容是我们重要的展示平台，千万不要浪费这块空间。

装修好自己的账号之后，除了视频的内容制作，标题文案也十分重要，这是用户最直观地了解视频内容的方式。

那么，常用的标题文案有哪些方法呢？

悬念式标题，可以让用户产生好奇，浮想联翩；

怀疑式标题，如《曹操竟然不是三国的人物》，类似这种标题可以引起观众的争议；

实用式标题，如《太方便了，坏掉的袜子居然还可以这么用》，这类可以引导用户观看收藏；

情感式标题，容易引起观众情绪上的共鸣，并且形成快速的分享传播。

如果一切你都按部就班了，但作品还是一直卡在几十、几百播放量而得不到推荐，那是为什么呢？

第一，检查自己的视频有没有水印，如果有水印，容易被判定为搬运别人的视频。

第二，检查视频内容中有没有不适宜传播分享的内容，如果有的话建议重新剪辑后上传或者换个作品上传。

第三，检查视频内容是否含明显的广告。

第四，看看自己的所有作品内容是不是都属于没有“营养”的无聊视频，如果长期发布这类视频的话容易被降权重，被平台视为僵尸号。

第五，看看自己的视频作品画面质量如何，是否过于模糊，越清晰的视频越容易被推荐。

如果以上自查视频都没有问题的话，那就要看看标题或者视频内容是否踩了抖音平台的雷区。我们来看看抖音都有哪些雷区呢？

一是行业的雷区，不要涉军、涉警、涉政，不要涉及彩票、赌博、枪支弹药、管制刀具、贷款、P2P、减肥、丰胸、壮阳、两性用品、偏方和山寨等。

二是画面内容的雷区，比如血腥暴力、淫秽画面、与微信相关、有其他产品的广告、视频上有水印和LOGO、喝酒抽烟的画面、危险行为的画面、违反交通规则的画面和穿着暴露的画面等；

三是标题文案的雷区，如国家广告法不允许的字眼，比如最好、最大、第一等极限词，还有抽奖、红包、出售、付费、脏话、粗俗的字眼和引导站外等字眼；

四是背景音乐的雷区，如宗教音乐、国歌、红歌类和未获取版权的音乐等。

4. 账号的运营技巧

抖音平台发布作品一定要注意视频质量而不是视频数量。流量的多少、粉丝的多少和你发布的视频数量是没有直接关系的，每天发布太多数量的视频反而会起反作用，建议每天最多发布两条视频，最低两天发布一条视频，把更多的时间花在作品的打磨上。

在大家平时运营抖音账号的时候，切记账号不要频繁登入登出，以及同一部手机登录多个抖音账号，建议最好是一机一卡一号；其次是不要频繁修改个人资料，不要随意大量地给其他视频点赞，特别是没看完视频的情况下就点赞划走是有一定影响的；最后，大家还要注意同一 WiFi 下登录的抖音账号最好不要超过五个，建议直接使用手机流量为佳，因为以上行为有可能被判定为恶意营销号。

5. 抖音平台其他常见的问题

问：播放量低或者我认为不好的视频可以删掉吗？

答：播放量低的视频或者自认为不好的视频可以优先选择隐藏，当然也可以选择删除，这对账号不会有任何影响，但不建议一次性删除大量视频。

问：我的账号进小黑屋了怎么办？

答：只要平台没有永久封禁你的账号，就不用过于紧张。只需按照平台的要求，把违规的内容删除掉，然后按时发布优质的视频，一段时间之后，抖音平台会重新对你的账号和作品进行审核，审核通过后就恢复正常了。如果是被平台系统误伤，可以通过申诉或者直接找客服沟通来恢复。

问：听说视频发两遍会火，这是不是真的？

答：不一定，有一定的个例，但是抖音没有这个规则，即使是同样的内容发两遍，那么第二遍也建议把视频内容重新剪辑优化一下，背景音乐或者音效换一下，也可以优化标题，或许能得到你想要的效果。

问：为什么我发布的视频一直在审核中？

答：一般来说，只有注册的新号第一次发布视频时才会出现审核比较久的情况，如果是运营了一段时间的老账号一直被审核的话，那可能是视频内容或者标题出现违规了，可以尝试删除后检查是否“踩雷”，优化后再次尝试上传。

问：哪些行为容易导致账号被降权？

答：一是广告发布太频繁；二是内容太低质，长期低质无“营养”的视频会让抖音平台判定为僵尸号；三是搬运别人的视频，抖音平台肯定希望创作者能创作更多的优质原创视频，抖音的去重机制就是针对直接搬运的视频账号的。

问：发布作品加不加定位？

答：建议加定位，但首先作品内容跟这个地点要有一定的关联性，加了定位之后，平台会有一定的流量扶持。

问：我账号粉丝太少，可以刷一点粉丝吗？

答：千万不要动这种小心思，刷来的粉丝不可能有活跃的粉丝，按照抖音的推荐逻辑，比如你刷了1000个粉丝，加上你本身所有的真实粉丝一共有1100个粉丝，那么你发布了新作品之后，抖音平台会把你的作品推荐给你的1100个粉丝，但是这1100个粉丝中有1000个都是“僵尸粉”，他们不会观看你的视频，当然也不会与你产生任何互动，那么抖音就会判定你这个视频连你的粉丝都不感兴趣，就不会推荐你的视频，这个账号基本上也就等于失去价值了。

二、你真的认识抖音吗？

如果是在 2019 年以前，很多人都会觉得在抖音平台上做交易、变现不太靠谱。而一些老媒体人也会告诉你，抖音的粉丝没有什么价值，几十个粉丝还不如一个公众号的关注。但换作今天，你玩抖音吗？你的抖音账号是多少？你开通直播了没有？才过了短短两三年，为什么会有这么大的变化呢？

1. 关系链

无论你有没有在抖音平台上面发布过视频，但凡你经常看抖音短视频，过一段时间你就会刷到一些你陌生又熟悉的人。他们可能是你多年前的同学，可能是你刚步入社会参加工作时的同事，可能是你儿时很要好但长大后很少联系的朋友。抖音是靠什么做到的呢？这里面有一个十分简单的逻辑，就是你的朋友在抖音里给谁点过赞或者谁在抖音平台里给你的朋友点过赞，这就意味着你们之间很可能也认识，这充分验证了六度人脉的理论，从而对你进行模糊关系推荐。这种模糊推荐不但能让你发现很多很久没有联系过的朋友，最重要的是，构建起了相互之间的信任关系。

为什么微信的朋友圈可以卖货，这就是因为我们一直都觉得微信就是信任社交、熟人社交。大家仔细想一想，如果是在抖音平台的话，你的好友给同一个视频点过赞，或者在同一个账号的小店里买过东西，甚至他们还把这个视频推荐给你，那么你对这些内容的信任程度是不是也大大增加了呢？

2. 精准客户

我们微信里的好友基本上都是我们的熟人，即使不是亲戚朋友或者同事，也一定是经过我们提前审核后才通过的网友，换个说法，这些都属于精准客户。而让商家最希望获得的也是精准客户。投放传统的广告就像是在撒网，哪怕有些平台支持一些精准的人群定向，但最大的问题就是不成交的话，别说精准用户了，可能连用户都不会有。例如，在自媒体平台如微信公众号或者微博上发布了一篇文章，但我们没有做任何分享，那么真实的阅读量完全有可能不会超过两位数。同样的道理，如果我们在淘宝或者京东上开了一家店铺，上架了一些商品，最终商品的浏览量很可能也是零，因为平台官方本身是希望我们通过付费来获取流量，或者我们自己分享出去为平台带来流量。但是在抖音平台，每个作品都会得到一定的初始流量扶持。

抖音平台注重每个人的作品，认为每个内容都有它的价值，都应该被人看到。这个时候，平台不但会给你的作品一个初始的流量，还会主动地帮你筛选人群，然后通过你的作品的播放量、完播率、点赞量和评论量等结果，再来决定是否给你更高的流量。最重要的是，抖音系统会根据用户的行为来为你筛选出你需要的精准客户。

接着再来聊聊抖音平台的直播。

很多人都在说抖音的直播其实和账号的粉丝量没有太大关系，确实是这样，我们看到过很多账号只有几十个或者几百个粉丝，开直播却卖出去几十万的货，也看到过一些有几百万粉丝的网红，在开直播的时候，直播间只有几百个人在观看。所以，粉丝数和直播间里的观众人数应该分开来看待，因为其中一种是对你的作品内容感兴趣，另外一种是对你的产品感兴趣。总体而言，抖音平台是在帮我们做精准客户筛选，因为我们宁愿自己的直播间只有一百人但都愿意购买我们的产品，也不愿意直播间有一万人但是只有十个人愿意消费。

3. 同城化

假如有两种推荐形式，你会选择哪一种？

一种是你路过一个火锅店的时候，店员发给你一张传单，然后告诉你在这个火锅店消费可以打九折；另一种是你在刷抖音短视频的时候看到一个美食家进行实地测评，这其中展示了火锅的汤底、新鲜的菜品、热闹的氛围和网红的夸赞等，然后视频里也提到了最近店面在做活动，可以直接在抖音领取优惠券。这两种推荐形式，相信大部分人都会选第二种。

大家可以回想一下，就算在没有抖音平台的时候，以前我们想要找一种美食，是通过什么方式找的？是不是首先问问朋友，看朋友推荐哪些店铺给我们，然后再通过地图来搜索位置，看看离我们有多远距离，最后进入大众点评或者团购网站去搜一下有没有这个店铺，如果有的话看一看里面的图片，看看环境和菜品，然后看一下用户的评论。现在，抖音的同城就解决了我们上面说的这些问题。首先有店铺名字，有店铺地址、联系电话和优惠详情，还有最直观的视频展示；其次，平台还会给我们推荐一些本地的探店评测视频以及一些用户自己去实地体验后的视频。

现在很多本地的餐饮或者旅游景点都是通过抖音火起来的，因为抖音的同城就已经在内容上把人群做过一遍筛选了。目前抖音的同城号是正火的时候，特别是美食方面已经有了团购功能，预计未来美团和大众点评最大的竞品就是抖音同城了。作为一个线下的实体商家，在抖音平台里开同城直播肯定是有人看的，但是如果在美团上面开直播的话那就难说了，因为很多人只会在需要团购或者外卖的时候才会进入这个平台。

4. 搜索可视化

以前大家都在说凡事不懂的都可以问百度，但现在我的习惯变成了直接在抖音里搜索，为什么呢？因为抖音的搜索结果可视化、真实化，体验更好。比如，我想搜东坡肘子的家庭做法，以前在搜索引擎搜的时候，得到的结果要么是图片和文字，要么就是跳转到别的网页里去观看视频，而且有的视频还有广告，但是用抖音搜索，马上就可以看到视频。

再比如，我搜某某火锅店好吃吗？抖音平台搜索出来的结果可能是很多网红去探店的视频，或者真实用户在这个火锅店拍的视频，甚至还能看得到这家火锅店的环境、价格、菜品以及评价等。但在搜索引擎搜索的话，可能我们看到的是一大堆广告，或者同样跳转到第三方平台上，看到的是图文。

现在不论是想学美食烹饪还是运动健身，或是养花、旅游等，我第一反应就是通过抖音来搜索了解，搜索结果可视化，最终会形成信任的可视化。

5. *所见即所得*

以前我们网上购物都是通过淘宝、京东或者拼多多，现在的应该加上抖音了。我们进入抖音平台的首要目的肯定还是为了看视频、看直播，进行娱乐消遣。对于普通的用户来说，目的是娱乐或者获取一些信息，对于商家来说，是想通过娱乐来进行营销，特别是现在很多植入的广告，让用户们潜移默化地接收。

把广告娱乐化之后，用户也会相对减少很多排斥心理。如果是在纯购物平台上，我们看到任何东西都会直接把它定义为商品，这就是商家推送给我的广告。但不同的是，我们在抖音平台上通过视频看到的，比如海鲜的捕捞过程、衣服裤子的生产过程、一个艺术品的制作过程，往往会引起我们的好奇心，原来我们以前吃的海鲜是这样捕捞的，原来菠萝不是长在树上的，原来衣服是这样生产出来的。我们会因为某个创作者用心制作的短视频、真情实意的表达而被打动，甚至可能会产生同情和包容，从而关注以及购买商品。在广告被弱化了的同时，我们也在主动接收着这些商家传递给我们的信息。商家想让我们成为见证者，所以把我们想要看到的内容都制作成短视频展示给我们。纯购物网站上的商品详情展示以及商品的视频展示对于我们来说只能叫营销素材，而抖音平台上的短视频我们认为是品牌的真实故事，这就是眼见为实的魅力。

这就是抖音最厉害的地方，既满足了我们日常的娱乐需求，又能抓住我们的消费需求。

三、爆款引流短视频分析

很多小伙伴都有一个疑问，明明自己的视频已经是最精心、最用心的作品了，为什么还是不能成为爆款呢？一个视频想要成爆款，不仅仅要看视频的质量，还包含了标题、封面等因素。

1. 视频的标题

视频标题的长度最长是 55 个字，字数越多越容易让人更长时间地观看这个视频，这能提高视频的完播率。

标题可以不完美，但一定要引发大家的共鸣或者好奇，一定要具有矛盾冲突，引发思考。举个例子，今天陪兄弟见客户，相谈甚欢，饭桌上客户提出加我微信，我装喝多了没加，这就是规矩！

标题还需要完整度，标题就是一个浓缩的故事，让人看完有代入感，别人才有可能根据你的标题文案讲的故事把视频看完。举个例子，最困难的时候老婆和我离婚了，三年后我挣了 100 万，前妻突然来电约我吃饭，我去了，但是只点了一碗小面……

标题还要有真实感，视频的标题结合人设的头像和资料，让观众觉得这个视频内容就是创作者自己亲身经历的真实事情，会让人觉得比较接地气，觉得真实而想要观看。举个例子，头像是个戴安全帽的照片，标题文案是“这是我在广东打工的第五年，今天加班挣了 500 元，给家里打了 400 元，自己留 100 元，点了一碗牛肉面奖励自己，加油，打工人”。

2. 视频的封面

视频封面的清晰度、美观度、裁图的完整性以及与主题的呼应度都对视频是否能成为爆款有一定的影响。制作视频封面一定要统一，不要一会儿横屏一会儿竖屏，一会儿是背景一会儿是字幕，这样非常杂乱，给人体验不好。一个优质的封面整体都是横屏画面，且画质清晰，字幕的大小也一致，让人看起来很舒服。

3. 视频的属性

大家制作视频的时候一定要切记几点：画面要清晰，不要模糊，非必须的情况下，最好不要有马赛克，边框也尽量不要出现黑边，避免有广告和水印，不然容易被判定为低质量视频、营销视频或者搬运视频。还有就是，视频中不要有违反平台规则的内容。

4. 视频的内容

视频能不能获得理想的流量，最重要的还是要看视频的内容。大家可以尝试着蹭一些热度，比如主题热度（年底了，可以做春节类的主题）、人物的热度（比如“00后”和“10后”的区别），以及官方发起的话题、时事新闻，以及具有观赏度、内容稀缺度（如国外的美景或者很多人梦想去的地方等相关内容）、素材稀缺度（别人拍不到的素材，类似大山沟里的生活画面，或者即将上线的新电影等）、价值度（能给观众带来一定的价值，比如心灵鸡汤、励志文案、生活技巧、厨艺分享等）的内容。

为什么有的视频成为爆款，引流效果却不理想呢？这应该是很多人都面临的一个问题，那么这个问题的原因出自哪里呢？原因就在于很多人不懂爆款的引流文案。

一个优质的短视频由五个部分组成：一是短视频的主标题，主标题一定要说明重点，并且最好带有争议，这样才有让人看下去的兴趣；二是副标题，副标题的内容要尽量完整，包括事情的起因、过程和结果，尽量能引发大家的争论或吐槽；三是视频画面，一个短视频一定要有幽默、愉快、伤心、有趣、有用、感动、认同、愤怒、转折、好奇、震撼等元素中的一至两项，让用户产生代入感，产生共鸣，或是得到观众的认同感；四是一个合适的背景音乐，音乐最好选择抖音平台上比较热门的音乐，视频制作上最好是镜头比较多，画面感强一些，这样的话，基本上各类音乐都可以配搭上；五是字幕，如果视频的内容较长，或者视频语速较快，或者视频中使用的是方言或外语，那么建议一定要打上字幕，这样会极大地提升观众的体验。

四、短视频问答

问：怎样快速查询自己的短视频文案有没有违禁词？

答：用句易网可以快捷查询。

问：短视频文案去哪里找灵感？

答：平时一定要多观察思考，其次可以利用相关的网站，如优设网、数英网、内容神器等网站查阅学习。

问：如何查找抖音热门音乐？

答：打开抖音短视频平台，点击视频右下角的碟片，然后看看使用了该音乐的前五个视频点赞量有没有过万，如果过万，那就是热门音乐。

问：如果想带货，但是没有产品怎么办？

答：进入短视频平台的后台，点击进入商品橱窗，进入橱窗管理，然后就可以添加一些跟自己视频内容相关联的一些淘宝或京东的产品，这样就可以开始销售了。

问：怎样知道自己账号是否存在违规？

答：打开短视频平台，任意点开一个视频，然后点举报并提交，稍后你的消息列表里会有一个消息提醒，然后打开这个消息就可以看到是否存在违规。

问：想要玩好抖音，可以关注哪些账号来学习？

答：抖音小助手、巨量课堂、电商小助手、抖音创作者学院。

问：哪些类型的短视频比较容易上热门？

答：有帅哥美女元素的，幽默搞笑类的，能感人肺腑引发共鸣的，能让人学到一些知识干货，能引发认同的剧情类，能引发好奇的奇闻逸事类。

问：如何确定自己短视频内容的方向？

答：首先要明确做短视频的目的，然后根据自己的专业特长和行业资源做有价值输出的内容或者符合自己兴趣爱好的内容。

问：抖音新账号怎么样提升播放量？

答：把短视频时长缩短到 8 到 15 秒，内容需要有转折或者有“槽点”，选用热门音乐，在适当的时间发布短视频，以及在发布短视频的半个小时后开直播引流。

问：哪些平台可以辅助做好抖音数据分析？

答：新榜、TBD、飞瓜数据。

问：怎么样判断自己账号的权重？

答：播放量如果在 200 以下，基本上属于僵尸号；播放量从 200 到 1000 的为低权重号；播放量从 1000 到 10000 的是待推荐号；播放量如果能轻松突破 10000，那就是属于高权重优质号。

问：视频如何设置不让别人下载？

答：进入自己的后台，点击设置，进入创作者中心，然后点击进入作品内容管理，在里面打开视频后可以关掉允许他人下载视频的选项。

问：有时候视频突然没有播放量是怎么回事？

答：首先要看看自己的账号或者内容有没有违规，其次是不是发布作品的频率不规律，或者发布作品的频率很低，账号权重不够，然后最重要的还是要看看视频内容够不够好。

问：如何让视频清晰度提高？

答：把手机里的相机调整为 1080P、60 帧，拍摄的时候一定要保证光线充足，建议可以加上补光灯，然后在抖音平台发布的时候一定要选择高清发布。

问：视频播放量低的主要原因是什么？

答：内容不够垂直细分，画面较模糊不够高清，涉嫌“标题党”，标题的文案和视频关联不大，视频内容或者文案没有任何“槽点”，不能引发争论或共鸣，搬运别人的视频被系统去重。

问：直播赚钱的方式有哪些呢？

答：打 PK 收礼物赚取音浪，直播分享教学，依靠知识付费，带货赚佣金，等等。

问：想要做短视频创业，需要哪些基础设备？

答：一部手机、稳定器、补光灯，有这些设备基本上就可以做短视频了，如果要开直播，建议购买一套声卡以及电脑，或者多一部手机。

问：为什么作品很好，但是点赞量很少呢？

答：这就涉及数据分析了，大家可以多进创作者服务中心里的数据中心多看看数据，从中找到相应的答案。

问：手机剪辑视频用哪个软件比较好呢？

答：剪映。

问：想要学习动画，需要关注哪些抖音号？

答：可以关注来画和万彩动画大师。

问：粉丝很少的时候可以开直播吗？

答：开直播跟粉丝多少没有太大关系，有人零粉丝照样直播，而且观众还不少，最大的障碍是自己，只要自己的直播有吸引力，就可以随时开直播。

问：以前的账号是随便发的视频，现在想好好做，账号还能用吗？

答：没问题，完全可以用，把以前随便发的视频隐藏或者删除就可以了。

问：如果把账号认证成蓝 V 后会不会被限流？

答：认证成蓝 V 后不会被限流，抖音平台还有流量扶持。

问：什么样的展现形式更受观众的喜欢和推荐？

答：情景短剧、真人出镜加口播或者视频图文加口播。

问：如何快速给账号贴上标签？

答：发布垂直领域的作品，发布频率和时间稳定，作品一定要长期添加同类话题。

问：怎样提升用户在作品里的互动评论？

答：视频内容一定要有槽点，重视在视频中抛出问题，也可以在视频中故意出现一些低级错误。

问：抖音简介怎么写比较好？

答：一定要表达清楚自己是做什么的，以及你能为粉丝提供什么。

问：什么样的视频内容是低质量的内容？

答：只有图片轮播的，没有真人出镜及口播的，招揽购物的，演技尴尬的，等等。

问：新人学习剪映可以通过哪些渠道？

答：抖音平台关注剪映、剪映视频教学，或者剪映研究所。

五、短视频和直播间的雷区

短视频的雷区

账号千万不要频繁改动资料，如果你改的资料没有通过审核，一定要看清楚提示内容，然后根据提示把不符合规则的地方彻底修改，千万不要盲目地一直修改和提交。

在抖音的资料里，千万不要写联系方式，包括电话号码和微信号。粉丝达到一万之后可以尝试隐晦地写上，或者直接认证成蓝 V。蓝 V 属于企业性质，可以留联系方式。

刚开通的新账号，前面五个作品是特别关键的，这是给平台和用户的第一印象，容易被贴上标签，所以在发作品之前一定要做好定位，作品一定要垂直，做到这些之后容易被贴上标签，获得更高、更精准的流量。

大家在使用剪映剪辑视频的时候尽量少用自带的滤镜，可以尝试下自己调节，清晰度要高，也不一定非要调得特别白，不然很难上热门。

文案标题上一定要注意不要出现违禁词。比如“养号”这个词，有些号写了就没有问题，而有的人写了就被限流，原因是这些号属于新注册的账号。

在短视频内容里，千万不要出现别人的抖音号水印、二维码和品牌标签等，剪映的尾巴也尽量不要带，这些都容易影响作品的完播率。

不要发负能量的内容，除非后面能反转成为正能量。

给别人的视频多点赞、多评论并不能帮助自己的视频上热门，这些只能证明我们是活跃账号，对我们有一定的帮助，但不能直接帮助我们的作品上热门。

标题文案不要有明显和过度的引导和诱导，这样会影响视频审核，不容易通过。

大家可以通过短视频进行营销，但注意不要过度营销，不要太明显和太频繁，如果被检测到了，严重的话会被封号。

直播间雷区

长时间没有真人在镜头前，也没有声音，会导致直播间被降权重，不会得到推荐。

直播时长跟直播间的粉丝增长没有直接关系，不是坚持熬几个小时就能有人来观看直播，直播间来不来人的关键点是直播数据，例如直播间的观众点赞互动等。

未成年在没有监护人的陪同下是不允许长时间开直播的。

用于开直播的手机一定要好用，网络也要流畅，不然直播过程中卡了，退出再进入就容易掉人。

直播间是可以吃东西的，但不能吃违规的或引人反感的东西。

直播的时候不能抽烟和喝酒，如果是带货的话，酒可以适当地试喝和介绍。

在直播的时候，开直播的手机千万不要接电话或者切换应用，这样会中断直播。

开播后，手机不要频繁切换网络信号，这也容易导致直播中断和黑屏，也同样会掉人。

直播间内不要一直频繁地重复一句话，容易引起观众的反感，然后离开直播间。

六、你想过成为主播吗？

不少人想通过成为主播来快速变现，但成为主播并非一件容易的事情。

想做主播，这些顾虑无须有

1. 目前那么多主播，我们还能做吗？

任何行业的从业人员都不少，有的能爬到金字塔顶端，有的只能在底层徘徊。道理其实是一样的，这么多的主播，一样也是有的主播能赚钱，有的主播赚不到钱。只要有想做主播的信念，不管什么时候都不会晚，只要你肯拼，就算你比别人晚做，同样有机会成功。

2. 现在做主播还能挣钱吗?

假如有人对你说,跟着他做,保证你马上买车买房,请立刻远离那个人。哪有天上掉馅饼的好事,赚钱从来都不是轻松的事情。那些收入高的主播,他们肩负着团队的重任和观众的信任,日复一日地做好直播的规划和粉丝之间的运营沟通,用自己的真才艺换来财富,他们赚的每一分钱都是来之不易的。

3. 我平时空闲时间很少,可以做主播吗?

没有钱和没有时间其实是世界上最大的谎言,关键看你自己如何对待这份事业,把主播这个工作放在什么位置。如果你只是想玩玩,那一切都可以成为你没有时间的借口;如果你想把做主播当成可以增加收入的渠道,或者想通过做主播来改变自己的命运,那你完全可以把午休时间或下班后的时间充分利用起来。

4. 没有资金,能做主播吗?

其实做主播不需要太大的资金投入,只要准备好心态、整理好心情、规划好时间就可以了。退一万步说,一部手机不就可以开始主播生涯了吗?这要看你有没有勇气和魄力来干好这件事情。

新人主播需要了解的基础知识

1. 新人直播怎么开始?

刚开始直播的时候,有的人确实不知道自己应该做些什么,加上直播间里的观众寥寥无几甚至没有人,更觉得无从下手。这个时候,你可以自己在直播间自我娱乐一下,比如唱首歌,或者自己舞动几下,可以和观众找话题互动聊天,也可以通知你的朋友来给你捧捧场,提升一下直播间的人气。一定要放下虚荣心,心理素质一定要过硬,能享受别人的追捧,也要能忍受别人的嘲弄。

2. 新人开播需要学习哪些事情？

首先当然要了解这个平台的基本规则，然后就是要搞懂直播间的玩法，比如怎么发红包，怎么送礼物，怎么充值，怎么变现，等等。当然，还需要在直播前了解一些化妆的基础，特别是适合直播的一些化妆技巧。然后就是实时掌握站内的一些福利信息，了解平台的发展趋势，适应平台的规则调整。

3. 主播需要注意的事项和上播的技巧有哪些？

坚持、真诚和学习，这是作为一个主播最需要的素质。除了这些，主播还要切记，有三件事情千万不要做，这是最忌讳的：一是在直播间和粉丝互相谩骂，或者不遵守平台的规则，与平台对抗；二是与粉丝私底下接触交往；三是贬低其他主播或者公开讨论收益等。

铭记好这些之后，我们就来学一些上播的技巧。首先是要选择好一张符合自己风格的封面图，然后设置标准的问候和互动的语句，这些一定要符合自己的风格定位；可以将观众称呼为宝宝、家人、大哥、大姐和亲爱的等，但也要合理地运用和切换；开播之后为了和粉丝形成一个良性互动，可以选择读一读大家的评论，然后一起聊一聊，回复一下大家的提问，也可以做一些互动的小游戏，一定要有丰富的表情和肢体语言才会让大家更喜欢你；在收到礼物的时候，要感谢送礼物的人，一定要有自己的风格才能让别人记住你；如果开播后不知道聊什么，平时可以多看看段子，积累一下素材，也可以谈谈自己的一些生活经历或者趣事。

4. 如何更好地留住粉丝？

首先要弄明白一点，粉丝为什么要关注你，或许你的形象占了一部分原因，但如果主播不是那种特别漂亮或者特别帅气的呢？那就只有靠热情了。一定要让观众在你的直播间感受到你对他的重视，让他们有存在感，这样观众才会愿意停留在你的直播间，成为你的粉丝。

怎样才能做到这一点呢？

第一，好的形象不只需要好看的衣服和精致的妆容，合适的发型、漂亮的身姿和大方的气质也很重要。所以，在打造自我形象的时候，要注意平衡一下，各方面都要顾及到。

第二，提高自己的品位。这点可以体现在整个直播间的装饰上面，比如直播间的整体布局、直播间的背景、身边的道具等。要给观众一个整体舒适的感觉，这样也会自然而然显得自己的品位较高。

第三，要有学习的精神。拿女主播来说，很多女主播在最开始做的时候其实并不出色，但后来你发现这个主播变得越来越漂亮、越来越精致，渐渐地感觉到她身上发出的光芒。其实这都归根于这个主播的学习精神，她平时在不断地学习，不断地打磨自己。比如，每天不同的衣服搭配，精致的妆容，还有时时刻刻都面带微笑，以及一个让人舒服的坐姿，都会给观众眼前一亮的感觉。当然，这些也不是天生就会的，需要不断通过学习来提升。如果没有这些技巧，你每天直播都是呆头呆脸，发型浮夸，穿着也土里土气，粉丝还会为你停留吗？

第四，姿势和举止要优雅。开播时，坐姿方面双腿不要分开，双肩也要自然下沉，这样看起来姿态更加优美，同时也有收紧肌肉的效果。

第五，丰富自己的才艺，艺多不压身，不管是做主播还是在日常生活中，多学一点才艺都是有好处的。一个多才多艺的、勤奋好学、充满正能量的主播，肯定能吸引到更多关注。

直播小窍门

很多人都以为直播的黄金时间是晚上的 7 点到 11 点，于是大家都扎堆在这个时间段盲目直播。虽说这个时间段确实是大量用户观看直播的高峰期，但是相对的，这个时间段的竞争压力也最大。如果你是一个新人主播，在黄金时间段和已经形成影响力的大主播是难以竞争的。那么，怎么样才能获得人气呢？

1. 避开锋芒，选择非热门的时间段开播

假设，黄金时间段有 100 个主播同时开播，而你的直播间排在第 80 名，大家都同时在争抢一万个观众的流量；而零点过后的时间段，只有 20 个主播同时开播，你排名前 10，大家一起瓜分 3000 个观众的流量，其中 80%的观众都喜欢进排名前十的直播间观看，你觉得哪个时间段开播更好呢？

选择后者，你不仅能获得一个相对较好的流量，还可以趁这个时间多转化积累一些粉丝，等日后将他们一起带到黄金时间段，这样你就算是向成长迈出了很大一步。

2. 分享直播间很重要

大家在日常开播的时候，除了尽量丰富直播的内容外，如何让更多的人进入你的直播间也是一个重要的环节。因此，大家要学习如何分享。把自己的直播间链接分享到其他平台，如微信群、朋友圈等，这样才能让更多的人进入你的直播间，从而成为你的粉丝，同时直播的时候也要巧妙地发动粉丝们帮你分享。

七、直播间话术大全

人们常说，销售其实靠的就是一张嘴，会说话的人，销售业绩自然就好。现实生活中如此，互联网上也是一样的道理。主播在做直播的时候想要通过带货来变现，会不会说话就显得十分重要。

抖音平台的直播话术有哪些呢？这些话术适合于哪些不同的场合？哪些话术适合营造氛围和粉丝拉近距离？哪些话术适用于转化？这些问题接下来我们都会一一进行讲解。

1. 直播间欢迎话术

话术从开始直播的时候就需要用到，开播后，观众陆陆续续进入直播间，这个时候，我们通常要用到的话术就是：欢迎某某（进入直播间的观众的昵称）进入直播间。但是这种基本的话术还是有点过于机械化，所以我们可以尝试在这个基础上做一些调整和优化。

举例：

欢迎×××来到我的直播间，点个关注不迷路，主播带你上高速！

欢迎，欢迎来到直播间，主播是新人，刚刚学习开播，希望大家多多支持，多多捧场哦！爱你们！

欢迎帅哥（美女）进入直播间，进来的帅哥美女们在公屏上打打字，让我看到你们哟！

欢迎来到主播的小房间，走过路过不要错过，主播人美歌甜，小伙伴们捡到宝啦，喜欢主播的宝宝们在公屏扣个喜欢哦！

类似这样的话术可以根据自己的特点来进行优化和调整，但无论怎么优化都只有一个目的，就是让观众有存在感，能感受到主播在关注他们，觉得主播很热情，让每一个进入直播间的用户都有参与感。主播在说话的时候还可以多使用“哦”“呀”“啦”等语气词，这也会让观众感觉到亲切感，可以瞬间拉近距离。

2. 直播间关注话术

当观众进入直播间之后，主播要通过怎样的话术才能让他们顺手为你点一下关注，成为你的粉丝呢？其实只要时不时给自己做做广告就可以了，不断地把自己直播间的情况和价值传递给新进来的用户。

举例：

哇！感谢××的关注，谢谢！还没有关注主播的宝宝们可以关注下主播哦，主播每天都会带给宝宝们不同的惊喜。

点个关注不迷路，我们种下友谊树！谢谢家人们的点亮，喜欢主播的家人们也可以帮主播分享一下哟！

除了话术引导用户关注以外，更多的是要思考用户想要在直播间里得到什么。例如，有的用户想在直播间买到实惠又满意的商品，或是忙碌了一天，下班后想在你的直播间轻松一下。所以，在话术中也一定要传递给观众，你能为他们带来什么。

3. 直播间感谢话术

观众在直播间里，有的会关注你，有的为你点赞分享，有的会送给你礼物。针对这些行为，作为主播也一定要有自己的话术来对观众表示感谢。这些感谢的言行可以让观众感受到被主播重视，也能感受到主播的真心实意，从而更多地参与到你的直播中来。

举例：

感谢今天所有进入直播间的家人们，谢谢你们为主播点赞、关注，今天主播很开心！

陪伴是最长情的告白，谢谢宝宝们从开播陪伴到我下播，爱你们，希望明天还可以见到你们！

马上就要下播了，最后送给大家一首特别的歌，感谢特别的你们，希望大家做个好梦，明天起来又是元气满满的一天！

4. 直播间互动话术

无论你是在直播间展示才艺还是带货、闲聊，相信常常会遇到一些喜欢问问题的观众，比如他们十分关心主播身高多高、体重多重、年龄多大了、衣服是在哪里买的等。

如果用户在你直播带货的时候，问的都是一些与产品有关的问题，这就说明他们对产品本身很有兴趣，这时候你一定要耐心并且细心地为其解答。直播间里的观众都是进进出出的，相信会有不同的观众问同样的问题，主播一定要有足够的耐心才行。

如果遇到粉丝说主播不理人、不回答问题，一定要第一时间对其进行安抚。要解释公屏上打字的人太多，刷得太快了，可能没有及时看到，下次遇到这样的情况可以多刷几遍，主播看到了一定会回复的。

互动的原则中其实最重要的就是耐心，不同的人问同一个问题，我们需要反复回答很多次，才能解决观众的问题。

5. 直播间追单话术

在我们直播带货的时候，有的用户下单是犹豫不定的，这时候追单话术就能刺激观众下定购买的决心了。

举例：

宝宝们注意啦，由于抢购的人数太多，发货顺序以下单付款时间为准哦，如果看重了就赶紧下单吧，这样也能早一点收到。

本款产品数量有限，先到先得，仅此一次，抢完了就没有了哟！

我们这款产品的折扣时间仅限一分钟，准备好链接，喜欢的朋友抓紧时间下单，错过了就拿不到这个价格了！

最后一分钟，还没有下单的宝宝们抓紧时间哟，一分钟之后我们这个产品链接就下了。

八、抖音八种营销玩法

目前大家在抖音平台都有哪些营销玩法？经过对抖音短视频平台的梳理总结，大致有八种营销玩法值得我们借鉴。

第一，如果你的产品本身就极具优势，那么完全可以直接在抖音平台上向用户展示产品的独特之处。比如，有一个看上去很普通的手机外壳，它打开拉伸后可以变成一个手持的自拍杆，这个特点可以让喜欢自拍的人随时随地借助这个工具进行自拍，得到这些用户群体的喜爱是肯定的。类似这样的产品本身就很有创意，在创作者把这个手机壳的优势用短视频呈现给平台的用户之后，瞬间就能获得大量点赞和评论，其中评论追问如何购买的用户应该也不在少数。

第二，如果我们的产品和别人的产品在功能和形态上都差不多，没有独特优势，那就建议用周边产品来做做文章。比如可以使用动漫、游戏中的人物造型，在获得授权的情况下制作成商品或者与商品相关的赠品等。比如说同样是手机壳，我们得到了《海贼王》的授权后，可以结合动漫的人物形象，与产品进行设计融合，或者利用这部动漫里的相关人物制作一些手办，在售卖手机壳的同时赠送手办，让消费者感觉超值，这也能让更多人产生强烈的购买欲和兴趣。

第三，大家可以尝试在产品现实的基础上，运用丰富的想象力适当放大某些特征，把产品的一个或几个特点用夸张的方式表达出来，让消费者记住你。比如提到“五菱宏光”，我们就会想到“神车”“超大空间”等词汇。为了突出这个卖点，相信大家在短视频平台看到过很多关于五菱宏光空间大的视频，给我们留下了深刻的印象。又比如凯迪拉克的中控存储空间可以做成“藏私房钱的最佳位置”的话题被放大，掀起了广大用户的纷纷模仿，其中有的视频点赞量就超过了 10 万。

第四，如果产品本身没什么出彩的地方，那就要充分发挥我们的创意了。可以从产品中挖掘一些稍微有特色的地方，也可以从中延伸出一些附加值，然后利用创意把这些功能创造性地展示出来，这样也能吸引部分人气。就好比一个火锅店，味道普通，环境普通，没有自己独特的菜品，也没有独特的装修，只是在买单的时候可以和老板通过摇骰子来决定打折的力度，并通过消费者自发地拍成视频上传到各大短视频平台上，成功激发了广大用户前来挑战的欲望，在评论区获知地址之后，纷纷来店内打卡进行挑战。还有一款计算器的案例大家还记得吗？一款普普通通的计算器，由于每个按键发出的声音不同，于是我们就看到了很多相关的视频内容，就是利用这个计算器的声音来按出抖音平台上的热门曲目，这类创意简单易上手，很多抖音平台的用户看了之后都纷纷购买了这款计算器，想尝试下自己能不能动动手指按出歌曲的旋律。

第五，我们还可以在短视频平台上从侧面来展示产品的口碑和火爆程度，在短时间内通过大量用户上传某个产品，并通过多元化的内容来不断加深用户对产品的印象，从而快速形成产品口碑。比如，某个奶茶品牌促销，平台上涌现出很多消费者去排队打卡品尝，随着这样的视频不断增多，在平台上就能形成较好的口碑，还不断会有用户去线下拍摄这个品牌的视频并上传，这就带动了线下门店的销售。

第六，我们日常在购买一款产品的时候，除了看这款产品的质量、创意和服务之外，同时也会关心这个品牌的文化。比如，有两个产品功能、外形都差不多的不同品牌的同款产品，其中一个品牌给消费者的感觉是员工很热情，工作有激情，而另外一家品牌给人的感觉是冷冰冰的，故作神秘。作为一个消费者，我肯定是会选择前面那家品牌，哪怕价格高一点点都无所谓。所以，大家在宣传自己的产品或者品牌的时候，完全可以大大方方地把自己的品牌文化、公司氛围或者员工趣事以短视频的形式分享出来。比如说纳爱斯的账号，展示给大家的就是员工轻松愉快的工作氛围和员工的创意脑洞，以及与客户之间的各种趣事，获得了广大观众的喜爱，积累了不少粉丝。

第七，还有一种玩法就是把产品融入我们的生活场景里，让观众潜移默化地记住这个品牌或者产品。比如，我们在短视频的内容里以公司作为故事发生的场景，或者在桌子上放着产品，或是背景里面有产品相关的广告声音或画面等，这样就能让观众在不知不觉的情况下就记住了品牌或者产品。就好比上一条说到的纳爱斯的账号，所有故事发生的地点都是在公司内，这就是场景营销植入的技巧。

第八，如果大家有足够预算的话，那么第八种玩法就是投入式玩法，同时也是比较有效的玩法之一，比如可以通过抖音官方投入信息流广告、红人 KOL 合作以及创建品牌贴纸等。

九、关于本地生活业务的运营

短视频领域如今已经无法满足抖音的野心了，所以抖音也不例外地杀入了本地生活这个巨大的市场。从 2021 年 2 月开始，“团购”入口逐渐出现在一些一二线城市的同城页面中，我们就围绕这一项目谈一谈抖音平台与本地生活的一些想法。

1. 为什么要做本地生活?

短视频的兴起已经带动了很多实体店铺或者景点的经营。比如一个景区航拍风景的视频、一个线下实体探店的美食评测，就能吸引成百上千万的用户观看，让上百万用户点赞。这其中就有很多用户因为接触到了这样的一个短视频而去打卡，或者计划去视频内容中的地方。比如重庆的洪崖洞景点，大家刷到过吗?

很多线下的商户花钱打造抖音运营团队以及和一些 KOL 合作，他们的目的不仅仅是视频作品得到点赞和评论，他们更多的是希望通过这个视频，能多多少少带来实际营业额的提升。目前抖音平台的直播带货和电商、流量收益、广告收益等模式已经很成熟了，拥有庞大流量的抖音完全有能力孵化出一个新的商业模式，而本地生活连接了线上线下，就是等待着填充的一大领域。

比较关注这一领域的朋友可能早就发现抖音从很早就开始做本地生活了。2018 年抖音就成立了团队试水本地生活；2019 年上线了蓝 V 认证抖店；2020 年的 3 月上线了“团购”功能；2020 年 6 月抖音星图平台上线了达人探店的任务，而线下的餐厅可以发布任务对接到达人；2020 年 7 月抖音上线了门票预订功能。

2. 本地生活在哪里?

抖音平台本地生活的入口有三个路径，第一个是小绿标，用户在刷视频的时候，左下角有一个绿色的小图标，点击就可以进入，如果商家有团购上线还会显示优惠团购的字样；第二个是同城频道，同城页面里有专门的团购视频入口；第三个是榜单，抖音对吃、住、娱乐这一块有统计的榜单，用户可以通过同城或者城市里的榜单点击进入。

3. 本地生活的转化率如何?

目前来说还不是很高，主要是因为随机性太高，比如正好在吃饭前刷到了某家餐厅的短视频，并且这家餐厅比较符合我的口味且离我很近，并且在价格可以接受的情况下，我才有可能在未来几个小时里通过这条视频去这家餐厅消费。正是因为这些原因，所以才会形成很多视频的播放量上万但实际的销量却零零星星的局面。也许很多人会说我们看到这个视频后可以记住，或者收藏起来，在有需求的时候再去。那么当我们记住了这条信息，在我们有需求的时候，也许我们会通过美团等其他平台去团购，而并非抖音平台。

目前来说，商家想运营这一块的门槛也是比较高的。首先需要申请开通蓝 V，然后要持续拍摄视频输出作品，并且作品的创作也是一大难题，店铺有什么特色，要创作什么样的故事才能吸引别人观看，这些都需要创意和思考，也都是成本。还有就是数据不清楚，比如说有10万个人看到了这个商家的短视频，其中有1000个人来店里消费，但买单的时候是通过大众点评或口碑买单的，那么商家如何才知道这些人之中有哪些是通过抖音挖掘出来的新客户呢？如果无法知道，商家还愿意运营抖音账号吗？

4. 假如让你来负责本地生活这个版块，你会如何运营？

首先，可以针对刷到了商家短视频，又长时间停留且表达了喜欢的用户发放一些优惠券，或者赠送一些菜品，这些用户到实体店消费的时候可以用上这些券，商家也就能统计到该用户是不是来自抖音平台了。商家也可以清晰看到转化数据，从而决定是否继续投入运营抖音。

其次，商家可以线下往线上导流，比如，到店消费的用户只要关注了商家的抖音账号就能获得优惠，这样不但能积累粉丝，还可以通过抖音分享领券的功能，让更多的用户自发地转发商家的活动。

十、抖音网红推广为何不按效果收费？

很多人在做抖音网红业务的时候常常会遇到几个问题：抖音网红的推广为什么不能按照CPA（Cost Per Action，是一种广告计费的模式，意思是按照注册、咨询或者购买的行为指标来进行计费）的结算方式来进行合作推广？如果按照抖音网红的收费方式，按照单条视频报价收费，到时候万一没有任何转化，广告主是不是就亏大了？如果品牌推广的最终效果很差，到底是产品自身的问题还是网红的问题呢？

1. 为什么不能以CPA的结算方式来合作？

提出这个问题的一定是甲方广告主，因为商家做所有事情都是基于自己的利益最大化而决定的。作为甲方来说，花 100 块钱出去，能收回来 100 块钱以上就是对自己有利的；但对于乙方来说，广告位定价是 100 元，那么就尽量不要低于 100 元放出去。在整个博弈的过程中，甲方希望花最少的钱买最好的资源，获得最大的回报，而乙方希望的是用合理的价格把自己的资源售卖出去。一边是买，一边是卖，效果就是两者中间的平衡点。

既然效果是平衡点，那为什么就不能按照 CPA 的结算方式来进行推广呢？这就要从 CPA 的历史来解析了。

我们最早是在 2012 年接触到的 CPA，很多做客户端的企业为了快速抢占市场份额，一般都会用几毛钱到几块钱不等的价格来买用户，一个新增激活的用户的价格就是 A，这样的计费模式就非常简单直接。比如，我投放了一个应用到某个渠道，在一个月的时间内新增激活了一万个用户，按两块钱一个来算，结算的时候就需要付出两万块钱。在互联网早期的时候，这种计算模式是随处可见的，渐渐地，随着移动互联网红利的消失，渠道的重要性变得越来越高，以往的 CPA 结算模式就开始行不通了。因为在合作的时候，CPA 的数据是甲方给出来的，那就意味着甲方最终说多少就是多少，比如实际上新增激活了 100 个用户，但甲方说只新增了 50 个，作为乙方也拿他没办法，这就是行业里所说的“扣量”。后来在乙方话语权逐渐增加，而甲方相对减弱的情况下，渠道方就开始研究如何才能让扣量的行为不再发生。其实方法也很简单，就是按照自己的游戏规则来衡量。所以，现在想要通过渠道来买量，都是以 CPD 的模式来进行结算了，CPD 的意思就是按照渠道的下载量来进行核算结账，这个数据是由渠道给出的，这样就可以从根本上杜绝甲方扣量的行为。

如果是按照以往的 CPA 模式，甲方有可能存在扣量的行为，根本原因就在于不信任，所以无法继续按照 CPA 的方式来进行合作。那么，如果甲方和渠道互相都很信任彼此呢？是不是就还能按 CPA 的方式来进行结算合作呢？当然也是否定的，因为这里还涉及技术方面的原因。

CPA结算是按这个应用包激活的数据多少来进行的，例如有10个渠道在做推广，那么就会生成10个不同渠道的数据包，每个渠道的每个数据包都能单独进行统计。但是如果说这10个渠道只有一个包呢？比如今天一共新增了100个激活用户，但是我们无法分清楚这些用户分别是哪些渠道带来的，分不清楚也就没有办法给各个渠道进行结算。话说回来，抖音的网红推广就是卡在了这个问题上，比如说我们抖音的网红推广了一款游戏App，当网红把视频发出去之后，获得了很高的播放量，甚至上了小热门，很多看到这个视频的用户都想下载这个游戏。但是这个时候我们发现这些看了视频形成转化的用户却开始分散到各个应用商店去下载这款游戏，有的到苹果商店下载，有的在应用宝下载，有的在华为应用市场里下载，甚至有的是通过网页搜索下载。那么，通过这个网红的这条视频带来的激活用户是多少呢？以目前的技术来说，这是根本无法统计的，自然就不可能按照CPA来进行结算了。

所以，不管是从信任的角度还是技术的角度，在抖音平台上以CPA结算方式来和网红进行合作都是行不通的，这就才有了按单条视频收费的方式，不管最终效果如何，反正都是一口价。

2. 如果转化很差或者没有转化，广告主是不是亏大了？

这个问题显而易见，如果花了钱做广告，一点效果没有或者效果没有达到预期，那肯定是亏大了。如果因为害怕这个就不投广告了吗？那是不可能的，该投的广告还是要投，只是要想办法来解决这个问题，应该如何投，怎么投才能达到效果。

其实不论是CPA的方式买量还是抖音网红的推广，都有转化不理想的时候，大家可能觉得CPA的方式，一块钱一个用户，花一万块钱就买到了一万个用户，是稳赚不赔的。但是大家想过没有，这一万个用户的质量如何？是不是活跃的？最终的留存率能达到多少？会不会存在用机器刷的数量？如果我们花了一万块钱，买回来的全是机器刷的用户，那就太惨不忍睹了，这种情况还能说 CPA 的方式稳赚不赔吗？那么抖音网红的推广效果是不是也可能和 CPA 一样，同样会转化不理想呢？是的，比如我们花了一万块钱找一个网红发布了一条带有我们广告的视频，按照 CPA 的算法，如果说当天的用户新增没有达到一万那么就是亏了。其实抖音网红的推广也是有一定的策略的，这个策略就是制造热点，如果说能够打造出一个热点的话，就能带来很好的转化效果。

3. 品牌推广最终效果很差的话，是产品自身问题还是网红的问题？

这个问题让我想到了曾经做运营的时候，经常和开发人员发生争吵的一个点，比如说公司的一款 App 投放出去，最后来了一万个用户，但是这一万个用户在我们 App 里消费的人却寥寥无几。这个时候我们就会责怪开发部开发的软件不行，别人都不愿意付费；而开发部则会怪我们买来的全部是“机器”用户，都不愿意付费。那不愿意付费的问题到底是这款软件本身的问题还是通过投放买来的用户的问题呢？这确实就没有一个标准答案，只能说具体情况具体分析。

如果说通过抖音网红推广的效果很差，那么一般情况下问题都出自网红这边，这里的问题可能就包含了视频创意不行、品牌曝光不明显或者引导转化不清晰等。最大的可能就是创意不行，如果想通过一个十几秒或者几十秒的短视频来打动用户从而形成转化，最难的就是视频内容的创意。有的视频创意特别好，一下就能抓住用户的眼球，制造一个比较热门的话题出来，就能把这个品牌的下载量稳稳地送上应用市场的榜单；而有的视频拍很多次都达不到理想的转化，这就是创意不能打动用户。

还有一种转化率不好的情况是转化的路径有问题。比如说一个做口红的广告主来抖音投放视频，但是能够购买到这款口红的唯一途径是在唯品会上，那么我们就不建议用抖音网红的方式来合作，即使推广了，转化也不会好到哪里去，因为这个购买途径不顺畅，用户看到视频之后想要购买还需要下载唯品会 App 或者进入官网才行。如果说这款口红在淘宝或者京东上有购买入口，那么转化的结果就会好很多。

综上所述，如果投放的转化不理想，建议还是优化视频创意和投放的节奏，创意是能不能形成转化的最关键因素，而投放的节奏是能不能成为热点的关键。当然，产品本身也要符合用户的需求才行。总之，品牌或者产品的推广是需要好的产品结合好的创意再加上好的渠道，才会有好的转化结果。

十一、抖音上的网红是如何推广产品的？

抖音网红推广相关业务介绍

1. 抖音网红是什么？

在抖音短视频平台拥有账号并发布了短视频作品，有一定粉丝量的用户，都可以统称为抖音网红。如果说到底多少粉丝才能称得上网红，还真没有一个行业标准，比如有的小众游戏类的账号，有一两万粉丝的在这个圈子就已经算是红人了。

2. 网红的收费模式

如果是想要和抖音网红进行商务合作，一般都是按照发布单条视频收费的方式，按照账号的粉丝数量和这个网红的影响力来定价。比如一个有100 万粉丝的账号，按照一毛钱一个粉丝来报价的话，这个网红给我们发布一条视频的价格就是 10 万元，有的还不包含创意等费用。

3. 抖音网红的推广方式

把广告主的产品或者品牌植入到视频内容中，然后在抖音平台进行发布，就类似于在电影里面的植入广告一样，比如说主角送给女朋友某某品牌的口红或者香水等。有的行业可以选择直接发布相关的视频，比如说游戏行业，就可以直接发游戏的视频，这类视频大多是广告主自己录制好的视频，通过网红的账号来发布，这也叫作直发。

4. 抖音网红的推广效果

这是很多广告主都关心的一个问题，同样也是抖音网红无法保证的一个问题。因为抖音网红的推广方式更类似于品牌曝光，品牌曝光的劣势主要是转化无法监控和无法判断哪些流量是来自抖音网红的推广结果，所以如果用效果广告的思维来衡量抖音网红渠道，感觉会比较差。

抖音网红业务合作流程介绍

在整个推广的过程中涉及两个称呼，一个是广告主甲方，一个是抖音网红乙方，而在做效果广告业务时，这两个称呼分别换为客户和渠道，那为什么称呼会不同呢？这是他们在不同的业务领域延续得来的。

抖音网红的推广是品牌宣传的延续，从传统的媒体广告和新媒体的广告延续到了抖音的网红广告，所以沿用了以前用的甲方和乙方。效果广告是从移动互联网广告里的CPS、CPA、CPC演变过来的，所以这里面只有客户和渠道两个称呼。

抖音网红推广的合作流程是：业务咨询（甲方）—业务介绍（乙方）—品牌或产品介绍（甲方）—产品或品牌评估（乙方）—做推广方案（乙方）—确定合作方案（甲方）—视频制作（乙方）—视频验收（甲方）—发布视频和推广（乙方）—结案报告（乙方）。

1. 业务咨询

不同的产品要找相应领域和类型的网红去推，比如做汽车推广的话，去找一个做美食的网红来推显然是不合适的。

2. 业务介绍

可以把自己曾经做过的比较好的一些案例拿给甲方看，比如我们曾经服务过哪些大型品牌，覆盖了哪些行业，成功的案例有哪些。也可以把手里的网红资源给甲方看，如果觉得合适大家就继续往下一步聊，不合适就继续寻找。

3. 产品介绍

甲方如果对乙方的网红资源以及报价都能接受并且比较感兴趣，就会往下介绍自己准备做宣传的产品，顺便看看乙方有没有什么好的推广思路。以前遇到过某个客户，就是不愿意说自己的产品是什么，反而一个劲地问你问题，在这种不知道客户产品是什么的情况下，乙方很难准确地做出判断并给出合适的推广思路。

4. 产品评估

产品评估的环节就很重要了，乙方的推广思路和创意基本上都来自对产品的评估。首先要了解产品的类型、卖点、属性、优劣势、购买流程等，才能根据这些来进行思考和策划，最终给到甲方一份满意的方案。

5. 推广方案

整个推广中最重要也最难的就是创意。如果创意不好，即使拥有几百万粉丝，那么曝光量也不会多到哪里去。如果创意特别好，即便粉丝不是特别多，视频也很有可能上热门，获得上百万的播放量。

抖音网红推广最看重的就是乙方团队的创意，这就是为什么甲方不直接去找网红合作而是需要通过乙方的原因，因为甲方不懂得拍摄剪辑，而网红不懂得创意策划，这就是乙方存在的价值。知识是可以变现的，这里的知识就是说的创意。

6. 确定合作

经历了前面几个环节，要么甲方不满意，放弃合作，要么觉得资源和创意各方面都很满意，愿意合作，签订协议之后就可以开始执行了。

7. 视频制作

制作过程包括视频拍摄和视频后期处理，其中拍摄是需要花很多时间的，根据每个网红的情况不同，所需要耗费的时间也不同。有的网红比较拖沓一点，拍摄进度就比较慢；有的网红性格好，做事也勤奋，在互相配合的情况下很快就可以完成拍摄。作为乙方来说，当然是喜欢和配合度较高的网红进行合作，因为拍摄脚本有的时候需要修改和调整，例如需要补镜头，来来回回的，遇到性格不好的网红就很难说了。

8. 视频验收

视频制作完成之后就会发送给甲方审核，正常情况下甲方都会多多少少挑出一些问题，然后再进行调整，一遍就通过验收的情况实在是少之又少。但是我们也不能无限制修改，一般约定可以改两次或者三次，如果超出了约定还需要修改的话，是需要另外收费的。

9. 视频发布

在双方都对视频没有异议之后，就按照之前约定的时间来进行发布和推广。发布出去之后，乙方还会做一些运营工作。

10. 结案报告

推广周期结束之后，乙方会把推广的一些数据和截图以及一些分析总结内容做成 PPT 的形式发送给甲方，从而让甲方对这次合作效果的好坏有一个评估。

抖音网红推广要注意什么？

1. 视频被屏蔽的风险

这是整个业务过程中最痛苦的事情，就是把所有的事情都做好了，发布出去之后因为平台觉得广告性质很明显，对视频进行限流或者直接删除，而且在广告性质明显这个问题上是没有具体标准的。

2. 保证效果的方法

抖音网红推广的方式想要保证效果的话，最好的方式就是网红矩阵曝光，并且进行连续投放，同时把好几个视频连续投放三至五天，这样才有可能形成一个热点。当然，这肯定也需要很高的预算，所以只适合实力雄厚的大公司。

以上我们对抖音网红推广这个业务做了一些简单的介绍，实际上在操作过程中要比以上讲的复杂得多，细节也会很多，特别是抖音平台的政策经常会做出调整。所以，大家要不断学习平台的规则，多多摸索，多多交流。

十二、现在正是做抖音最好的时候

我经常听到身边的朋友感慨说，怎么没有早点看清楚抖音短视频平台的优势，眼看着别人都通过抖音挣钱了，现在自己想做却已经晚了。那么现在开始做抖音短视频真的已经晚了吗？通过这段时间我对抖音短视频和直播的研究，我个人最深的体会就是：现在正是做抖音短视频和直播最合适的时候。

电商发展得越来越快

1. 实体店阶段

在没有电商以前，由于交通网络、货物生产、互联网等还处于比较落后的状态，对于实体店来说，最重要的就是货物的流通。

每个人都有自己的生活消费半径，而大部分人的生活消费半径都是在自己的城市或者乡镇里面，所以开设一个实体店就意味着有流量，并且有一定的信任度。开越多的店铺，覆盖的面就会越广，自然销售额就会越多。现在还在持续经营的线下传统品牌，基本上都是在 2010 年前发展起来的。当然，作为最原始的也是最靠谱的交易渠道，实体店肯定会一直存在下去。

2. 电脑端网店阶段

2003 年淘宝正式上线，这让消费者对商品的了解增加了途径，让我们对商品的认知更加丰富，同时也打破了原有的价格差。但最开始网店并不能得到消费者的信任，并且物流方面也不是很发达，而且真正有条件在网上购物的人也不多，所以实际上在网店消费的人并不多。网店真正的快速发展是在 2010 年，那时候才从电脑端开始过渡到移动端。当然，还有一个十分重要的因素，那就是“90 后”开始走向大学和社会，他们这部分人开始逐渐成为网络消费的主力军。

3. 微商时代兴起

2012年微信火了起来，同时大家在网络上开一个店已经变成了一件很平常的事情。这个时候想要在淘宝上面分得一杯羹已经变得相当艰难，但微信打破了以往的交易方式，特别是在商品展示方面。有了微信群、朋友圈之后，微信销售这种新的商品流通方式也随之诞生。其中最核心的点是微信都是熟人圈子，彼此之间已经建立了信任基础，另外就是微信还提供了微信支付这个便利条件。

4. 社交电商时代

自2016年开始，微商的生意开始遇到考验，因其最主要的供应链和信任都出现了问题，大家渐渐发现在微商那里很难买到靠谱的东西了。而对于做微商的人来说，无法系统性地掌管微商代理，就导致跑单和客户流失严重。这个时候，社交电商开始出现在大家眼前。在2016年到2019年之间，有很多社交电商平台各显神通，有的成功做到了上市，但也有的昙花一现之后就不知去向。

为什么2019年之后社交电商就逐渐落寞了呢？这其中的原因有很多，比如说平台没有保护代理的私域流量，被“团长”把流量都挖走了，代理的人脉耗尽了，赚的钱也就少了；还有就是一些平台的制度不合规，政策上有一定的风险；最重要的就是短视频兴起了，很多用户都选择了短视频可视化的购物方式，这种方式更直接，也更便宜。

5. 短视频时代

早在2018年的时候，短视频就有了一定的起色，虽然说当时的快手已经火了，但是变现方式还主要是PK打赏为主，头条也主要把精力放在了西瓜视频上，大部分的创作者还是通过广告和平台的政策奖励来挣钱。一直到2020年疫情的影响才出现了重大转折，在疫情期间，大家宅在家里，刷短视频的频率和时间比平时更多了，而且不只是在短视频平台上获得娱乐，还有消费行为。

这个道理其实很简单，当我们长期关注一个主播，看了几个月的时间，肯定会产生一定的信任关系。也就是从2020年开始，各行各业的人士纷纷涌入短视频行业，平台的创作者也开始暴增，而主播带货也变成了主要的变现方式。

通过这一年的用户习惯培养，直到现在我们通过短视频来进行消费已经变得很平常了。所以说有货源、有品牌、有门店、有特殊技能的个人和商家，现在一定要好好做抖音的内容和运营，一切才刚刚开始。

为什么短视频和直播可以产生交易？

前面我们梳理了以往的零售交易发展的历程，从线下转到线上，然后又从图文转为视频直播的形式，那么为什么大家会选择通过短视频的渠道来进行交易呢？

1. 内容更生动

相比于淘宝和京东图文详情页，短视频展示的内容更全面，我们可以通过短视频来了解商品的信息全貌，而并非靠一张提前拍好的图片。我们甚至还可以通过更多的视频来了解同一个产品，来看清楚这个产品或者品牌到底是怎样的。

一般图文详情页的图片和文字都很多，用户需要花费很大的精力去解读了解这个产品到底有哪些优势，到底是怎么使用的。但短视频能很直观并且快速地传递给用户很多信息，这个产品是怎么生产的、优势有哪些、如何使用等，这样用户理解起来就相对容易很多。

2. 容易建立情感

我们在消费的时候除了看商品本身的价值以外，有时候还要看销售这个产品的人，短视频也恰好是最容易打造人设的。创作者每拍摄发布一个视频就等于和消费者产生了一次面对面的沟通。如果是以前在专门购物的网站，基本上卖家都是直接将产品上架就完事了，用户没有任何互动的感觉。但是在短视频中，我们可以了解到卖家的生活状态，看到新商品的预告，我们还可以看到这个商品是如何设计、生产和销售的。消费者不但能对产品有全面的了解，还能通过一些短视频对销售的主播产生一定的信任，再加上直播，交易就变得顺其自然了。

为什么是抖音呢?

短视频平台有美拍、快手、皮皮虾、B 站、微信视频号等很多个，那为什么这里重点推荐是的抖音这个平台呢?

1. 用户量庞大

抖音是字节跳动旗下的产品，其旗下还有今日头条、西瓜视频等，这几个平台累积起来的用户量已经接近了 10 亿，其中抖音平台的日活跃用户就已经超过了 6 亿，平均每个人使用的时长已经达到了 110 分钟，这是一个让人十分震撼的数据。而且他们最大的优势是平台与平台之间是可以互通的，我们在抖音平台上发布的内容，在西瓜视频和今日头条上也能看见，这是一个相当庞大的用户体量，用户在哪里，交易就在哪里。

2. 用户更精准

大家一直都在关心抖音的推荐算法机制，其实用最简单的方式来介绍就是：抖音平台能把你的内容推荐给想看的人，能帮你在庞大的用户群体中精准筛选出潜在用户。比如说抖音平台会根据我们日常发布的视频内容、关键词以及其他一些行为来为我们找到合适的人，而销售环节的最需要的工作就是精准定位客户。

3. 潜力人群多

抖音发展到现在，不仅仅只是人们娱乐消遣的工具，更是一款购物工具、搜索工具和社交工具。特别是“90后”“00后”群体中，他们已经习惯通过抖音视频去消费。我们接下来的重点就是要抓住下一代的新生用户，他们才是未来的消费主力军。

快手平台深度解析

一、上热门的基础条件是什么？

当我们在快手平台发布视频之后，平台会对视频内容进行初步审核，其目的就是要杜绝一切违规内容在平台出现，比如涉及暴力血腥、色情低俗、违法或违反公序良俗的内容，如果作品违反了平台的规则没有被审核通过，那平台会直接删除作品，或者作品发布出去之后只有我们自己能看得到。如果作品本身没有违反平台的规则，但是作品是搬运的别人的视频而并非原创作品，平台会让你通过审核，但是不会推广这条视频，更不用说上热门了。

所以，在快手平台发布作品上热门的前提就是原创且不违规。

作品通过审核之后，快手平台会给我们的作品一定时间的推送，首先会在粉丝的关注列表里显示，同时也会短时间出现在“发现”页上，这也是我们有时候会在“发现”页里偶尔看到一些短视频作品几乎没有点赞，也感觉内容毫无意义，但却上了推荐的原因。其实这并不是真的热门，只是平台给予新发布的作品的推广机会。在被曝光期间，如果作品本身内容很优质，被看到视频的观众点赞或产生互动，这个视频就会获得更多的曝光机会。反之，如果作品内容本身不好，短暂的曝光期间内没有人喜欢我们的视频，平台就不会继续推广这条视频。

在快手平台发布视频，一般一个小时内上热门的概率比较大。如果一个小时之后作品还没有上热门，也不用灰心，再等一等，多观察一下，没有必要马上就删除。

快手平台的热门周期一般是48 小时，也就是我们发布的作品，在两天之内都是有机会上热门的，超过两天之后还没有上热门，那这个作品也就不太可能成为会热门了。如果我们的作品发布当天就上了热门，那我们热门的维持周期就是两天；如果是在作品发布的第二天上的热门，那作品的热门周期就只有一天，这个时间从作品发布的时间开始计算。

在快手平台，你的作品能否上热门和你账号的粉丝多少关系不大，其更注重的是作品本身的质量，如果你发布的视频内容质量足够好，当热度达到的时候就会上热门。在上了热门之后，如果达到了几十万次的播放量，就很有可能还会被再次推向更大的热门。当然，如果你的粉丝比较多，肯定也会对你发布的作品有一定的帮助，因为粉丝会因为喜欢你的作品而为你增加播放次数和点赞评论。

了解了快手平台短视频上热门的规律之后，我们接下来就可以对症下药，提升我们作品上热门的概率。那么，如何才能快速上热门呢？

第一，确定好我们账号的调性，即我们做什么样的题材，是做图片还是做视频，格式是怎么样的。

一般来说，视频类型肯定比图片类型更容易上热门，并且建议以竖屏的形式呈现，因为竖屏在平台上展示出来显得比较大，横屏面积会显示得很小，不太容易被人点击观看。

第二，要发布用户想要看的内容，我们发布的作品要确保是大多数人喜欢看的内容，而不是非常小众的。比如，某某大号在快手平台很火，粉丝也十分多，那么我们在发布作品的时候用他的图片做封面，并且把标题写得有吸引力一点，最好是跟头部账号带上关系，那么平台审核通过之后，这条视频肯定会得到很多的播放次数，上热门的概率也会非常大。

通俗来讲，就是我们在发布作品之前就需要搞清楚这个作品是给哪一类群体看的。另外，我们还经常看到一些热门的搞笑段子短视频，播放次数很高，吸粉也很快，这就是他们抓住了用户心理，抓住了这个受众群体。在当今社会中，生活压力比较大，每个人都想释放自己的负面情绪，都希望在短视频平台上找到一些开心的作品来舒缓一下，所以这一类作品很容易受到欢迎。

第三，封面很重要。封面就好比我们的脸面，漂亮的五官肯定会吸引别人，那么同样也会吸引用户点击观看我们的作品。如果我们的封面不吸引人，即使我们的作品质量很高，用户不点进来看也是没有用的。只有先抓住观众的眼球，让他们点击观看我们的作品，才能让作品产生热度，从而有机会展现给更多的观众。

第四，标题也很重要。一个高质量的标题会为我们的作品带来意想不到的惊喜，每个人都有好奇的心理，如果我们的标题能够引发别人的好奇心，他们肯定会点击进来观看，至于观看后是否喜欢或者是否评论转发，那就得靠我们作品本身的内容质量了。

第五，要坚持原创。这一点是相当重要的，这是我们的视频能不能上热门的基础条件。快手平台十分注重保护原创作品的权重。平台里很多播放量几百万上千万的热门视频被别人投机取巧搬运过去发到自己的账号里，可是根本没有用。即使你成功搬运转发了别人的视频，也被很多人看到了，但是转发作品所吸引的粉丝都不是属于自己的，这种方式不建议采取，坚持做自己的原创才是切实可行的方式。

第六，选择好发布的时间。一天 24 小时中，活动在快手平台的在线人数是不等的，选择用户活跃度比较高的时间段去发布作品，我们作品被观看到的概率才会增大，上热门的概率才会提升。

早上 8 点到 11 点这个时间段，大家要么刚刚起床，要么在交通工具上，要么是刚刚到办公室，所以这个时间段活跃的用户是相对较多的；中午 12 点的时候就不要发了，虽然这个时间大家都下班了，但这个时间十分短暂，一般人吃完饭后就准备午休了；下午的 4 点到 7 点可以发布，因为这个时候大家不是在聚餐，就是在下班回家的路上，没有事情做的时候肯定会翻翻手机、刷刷短视频。周末的话基本一天中什么时间发都可以，不过这些时间都仅供参考，具体还需要看你做的视频内容是哪方面的，结合实际情况再来对人群进行判断是最合适的。

此外还要注意，千万不要把同一个作品发布几次，一天发布一到两条短视频最合适，上热门的可能性也比较大。一天之中发布很多视频是没有意义的，除非是发布的内容确实质量特别高，快手才有可能给你三次上热门的机会。

大家在运营快手账号的时候，切记千万不要作假，要保持我们账号的良好记录。如果账号有了违规记录，那我们再发多少视频都可能是无法挽回的。而且，不要想着走捷径，比如找第三方软件来给自己刷粉丝或者刷播放量和点赞量，这些都会被平台检测到。即使平台检测不到，通过这种方式获取的粉丝也是僵尸粉，都是不会活跃的，这对你以后的作品会带来很大的伤害。

一直没有上过热门也不用灰心，要善于分析，分析出我们没有上热门的原因，从而去调整优化再尝试。

二、新手必看养号知识点

如果你的短视频内容质量很好，但是播放量却一直徘徊在几百，或者以前的播放量还不错，但是突然变得很少，在确认不是作品内容的问题之后，那就应该看看是不是账号问题，导致权重被降低了。

很多营销号为了短期的利益，大量从别人的账号搬运抄袭内容来引流和变现，大大影响了短视频平台的用户体验，对平台的良性发展造成了严重的影响。所以，原创内容、高质量的内容、有价值的内容和垂直细分领域的内容更容易获得平台给的流量。简单来说，我们养号的目的就是提升我们账号的权重，通过我们的种种行为让平台判断我们是一个认真在做原创的、真实的、活跃的账号，我们能给平台用户带来正向价值。但不是所有的账号都需要养，比如自己真实在使用且没有违规的老账号，在账号权限本身就高的情况下，就可以忽略养号这一步。

那我们该如何来养号呢？

第一，用我们的手机号来进行注册并登录，不要用微信、微博等第三方平台的账号进行登录。

第二，最好能做到一机一卡一号，尽量不要在手机上登两三个账号，然后来回切换。

第三，每天要多利用时间刷视频，特别是浏览与我们做的内容有关联的短视频。比如，我们准备用这个号来做美食，那就尽量刷与美食相关的内容，并且选择点赞、评论、转发等，如果遇到非美食领域的作品，即使你觉得很不错也不建议点赞。

第四，在刷了一周左右的短视频后，我们可以开始尝试发布优质的原创短视频，时间尽量短一点，并且少量发布，不要一下子发布很多。

第五，发布前几个视频的时候，一定要在标题中为自己贴上标签，首先是为了突出我们所做的领域的关键词，其次是让平台为我们贴上相应的标签，知道我们这个账号是做什么的。

大家在养号的过程中还需要注意几个事情。

第一，在同 IP 网络地址的情况下，或者在同一部手机上，不要注册多个账号。

第二，不要频繁修改昵称、头像、简介等，不要大量点赞，特别是在视频还没看完的情况下就点赞评论，以及用同一句话频繁地在多个视频下回复等。

第三，养号一周之后开始尝试发短视频，建议可以先发一两个自带热门属性的内容，比如平台里的热门话题、热门音乐或者道具等。

第四，短视频的时间建议不要太长，30 秒之内比较合适，除非内容有很多的反转点或者包袱、爆点，可以吸引别人看下去。

第五，不要看一些粉丝多的账号在简介里留了联系方式，我们也跟着去留，这是不允许的，一般是不会通过审核的，在粉丝达到一万之后我们可以再进行尝试。

按照这些步骤去做了之后，怎样才知道我们有没有养号成功呢？

我们可以通过短视频的播放量来确认，如果我们的作品基本上都能突破 1000 的播放量，那就说明我们养号成功了，也说明我们的账号是属于正常的。账号有了权重和积累了一定的粉丝之后，我们就可以把用来养号的那些视频隐藏起来，然后正常发布我们想要做的领域的短视频，切记保持统一的风格。

三、快手运营中常见的问题

新手在运营快手账号的时候，肯定会陆陆续续遇到一些问题，基本上都是在运营中常见的一些问题，在这里我们列举了几条，然后一一为大家解答。

问：刚开始运营快手，没有粉丝怎么解决？

答：第一，我们可以主动去关注别人，但也不要在同一天之内关注很多账号；第二，和我们同领域的账号进行互动，最好能实现互关；第三，持续输出高质量的作品，粉丝可以慢慢积累，但是千万不要急功近利去刷粉丝。

问：我很久以前就注册了快手账号，现在还需要养号吗？

答：如果你的账号没有出现过违规，那就不需要养号，需要养的账号是新账号、播放量特别低或者出现过违规行为的账号，没有违规行为的老账号只要按正常的方式去运营就好了。

问：用刚注册没几天的新号去评论别人的作品要验证码吗？

答：刚刚注册的新账号是没有任何活跃度和权重的，道理就跟刚刚注册的 QQ 一样，如果我们刚刚注册完成就去大量加好友和加群，系统一样会要求我们输入验证码，因为这类行为让系统误以为我们是机器注册的。快手的机制也如此，所以我们注册好了账号之后千万不要频繁去点赞和评论，可以多看看视频，有选择性地点赞。

问：我在快手的作品播放量、点赞、评论都还可以，但就是没人关注怎么办？

答：积累粉丝是一个比较慢的过程，除非是上了很大的热门，那或许有可能一夜之间粉丝暴增，但一般来说，官方只会对我们的作品推荐一次。如果想获得二次推荐，就需要看在第一次推荐的时候我们作品的受欢迎程度。我们的视频有播放量和点赞等数据，但是没有人关注是比较正常的现象，因为别人观看和点赞只是代表对单个作品的喜欢，并不代表别人喜欢我们所有的视频，所以也就不会选择关注。想要大量吸引粉丝，除非做的是垂直细分领域的内容，并且每个视频的质量都还不错，那么喜欢这个领域的用户如果喜欢你的作品的话自然就会关注你。

问：以前刷过粉丝，但是粉丝掉了很多，对账号有影响吗？

答：很多新手在开始运营的时候不太懂，很容易被别人误导去刷一些僵尸粉，这种粉丝会严重影响账号的权重，如果已经刷了，建议抓紧时间清理一下。

问：为什么我的账号不能开直播？

答：直播功能目前只对一部分用户开放，首先要绑定手机号码，其次要没有违规记录且发布了较多的优质作品，才有机会开通直播功能。

问：我发布的视频不想让别人下载怎么办？

答：在“设置”里面找到用户隐私设置，打开“禁止他人下载自己作品”的开关之后，别人就不能下载你的作品了。

四、快手流量算法解析

在我们运营快手的时候，常常看到别人发布一条视频就能获得10万个点赞，一条视频就能收获10万粉丝，这其实是有一定规律的。快手短视频平台的运营核心算法驱动机制，平台根据用户的喜好推荐不同的短视频，所以如果我们弄明白了其中的规律，想要快速增长粉丝就相对容易多了。那么快手的算法驱动是怎样的呢？

1. 流量池分配

快手平台给任何一个审核通过的作品，哪怕是广告都会分配一定的播放量，初始的播放量大概是0到200次左右，但是150到200之间播放量十分重要，因为平台系统会根据你这个作品的点赞量、评论量和转发量等数据来进行判定，是否把这个作品推送到新的流量池中。

2. 叠加推荐

作品发布的时候系统会分配基础的推荐量，如果我们的作品热度不断上升，系统就会给到我们这条短视频更多推荐，同时也会根据我们的点赞数、完播率、评论量和转发量等数据来得出推荐数。所以，如果我们想要更多地叠加推荐，可以通过作品的标题来引导观众进行评论。

3. 热度加权

快手平台上的热门短视频一般都有上百万的播放量，他们的点赞、评论和转发的数据也是十分可观的，这些短视频都是经过了一层层热度推荐才脱颖而出的。通常影响快手平台热度加权的因素是转发率大于评论率大于点赞率。因此，我们的作品可以通过一些热门的话题来引导观众进行转发、评论和点赞，以增加我们作品的加权热度。

五、涨粉难、播放量不高怎么办？

很多新手都希望把自己账号的活跃度提升起来，想好好养号来帮助自己的短视频上热门、涨粉，那么如何才能提升账号的活跃度呢？

1. 坚持每天做活跃度有用吗？

活跃度也就是我们所说的活跃指数，是快手各项指数的其中一项，但是活跃指数在整体指数中所占的比重比较小，基本上不会直接影响到我们的作品是否能上热门。

想让作品上热门，还得从根本上解决问题，那就是必须从我们的内容本身入手。

每个账号、每个短视频能够获得大量推荐的原因是这个账号生产的内容能够得到快手用户的喜爱，只有用户喜爱的内容才是优质的内容。作品本身的内容、封面、标题、画面质量、创意和看点等需要我们不断的提升和优化，这样才能增加观众在我们作品上停留的时间，才能让观众乐于为我们点赞、评论和分享，热门也才会到来。

2. 为什么上了热门却不涨粉丝？

作品上了热门是获得了平台持续推送的结果，这可以让我们的作品展现在更多人的发现页，这样作品的播放量和完播率相对都是比较高的。也说明观众主动选择观看了这个作品并且能够在这条作品里停留足够长的时间，这也是判定我们的作品能不能热门的依据。

根据观众的喜好和习惯，有针对性地做一些调整，把标题和封面弄得更独特更吸引人一些，也许能够上个小热门，但内容上是缺乏力度的，最终粉丝增长也不会太多。就算是播放量相同的情况下，别人涨了粉丝，而我们只是增加了播放量，关注我们的却很少，这就是所说的吸粉率偏低。

能够影响吸粉率的不只是作品内容本身，还和我们的头像、昵称、介绍、主页背景等是否和作品调性统一有关系。现在的短视频平台用户不会因为喜欢一个视频就点关注，他们大多会通过点击创作者的头像进入主页浏览，然后再决定是否关注。所以，我们主页的相关资料、风格也必须优化得更美观、更专业。还有很多用户在关注了作者之后，担心作者能不能持续地输出自己喜欢的视频内容，所以作为创作者，应该注重自己作品的更新频率以及内容垂直度。

六、快手“黑话”大全

老铁：对快手的用户都可以使用这个称呼，有点类似于淘宝里的“亲”。

家人：一般是直播间里主播对自己粉丝的称呼，也有的称呼为“兄弟们”“宝宝们”等。

家族：这里一般是指公会，比如几个主播联合在一起拍视频做直播，形成一个快手号矩阵，他们都会给自己贴上家族的标签。

合体：主播与主播之间在线下相聚，并且只用其中一个人的账号来进行直播。

挂榜：粉丝通过打赏刷礼物的多少，在主播的直播间排名前三或者前五的，主播会引导直播间的观众为挂榜的大哥大姐点关注引人气。

定榜：主播在结束直播之前的某个指定时间内，确定谁是刷礼物最多的那一个或者前几个。

秒榜：通过给主播刷礼物在直播间排名第一的，可以获得主播甩榜的机会。

甩榜：在主播结束直播之后，引导直播间里所有的观众都去指定的直播间里冲人气或者刷礼物。

甩人：直播的时候，主播与主播之间互相让粉丝去对方直播间里带人气、点关注或者刷礼物等。

PK：主播与主播之间“连麦”，在规定的时间内，两个直播间里谁的观众刷的礼物大于另外一个，就为PK胜利。一般两个主播在PK之前都会谈好惩罚条件，这也就具备了一定的观赏性。

守塔：主播与主播之间在PK的时候，通过观众刷礼物来保证主播处于第一名的位置。

偷塔：主播与主播之间在PK的时候，通过观众刷礼物来抢走对方主播第一名的位置。

穿云箭：主播在直播的时候，粉丝可以给主播打赏的虚拟礼物之一，这也是快手直播中最贵的礼物。一个穿云箭的价格是2888快币，换算下来等于288.8元人民币。当有用户刷了穿云箭之后，平台会在直播间里进行提醒。

小红心飘一飘：当我们在看直播的时候，如果我们喜欢这个主播的作品或者直播，我们可以通过双击屏幕来为主播点亮小红心，这里也可以表达点赞和喜欢，每个人每天最多可以点 100 个小红心。

上热门：主播直播中收到了 300 个小红心就可以在自己同城页面里显示，收获的小红心越多就代表主播越受欢迎，人气越高，就有机会出现在平台的发现页面，从而获得更多流量和关注。

封号：不遵守平台规则的主播，快手平台会对其做出一些处罚，比较严重的会直接关闭其个人账号，比如说涉黄、涉赌、诈骗或违规广告等。

喊麦：喊麦是一种表演形式，主播伴随着一些有节奏感的音乐即兴喊出一些比较押韵上口的词。

双击 666：快手里很多东北地区的主播经常会在自己的视频作品或者直播间里喊“老铁没毛病”“双击 666”等词语，“6”是“溜”和“牛”的谐音，大致意思就是为主播点赞。

W、米：因为快手平台有很多敏感词的限制，特别是关于金钱方面的，所以一般都会用其他符号或者词语来代替，比如说多少钱，一般会说多少米，W 就是指万的意思。

回归：这里一般指的是某些主播为了躲避一些事情，或者说因为个人原因暂停作品更新和直播，之后又重新选择回到快手继续更新和直播。

零基础起步用什么器材？

一、做短视频必须买什么设备？

抖音的崛起直接引爆了短视频行业，随着 5G 时代的来临，越来越多的小伙伴投身于短视频这个行业中。但是作为一个普通的观众和一个内容创作者还是有所不同的，拍视频当然需要一些比较专业的技能，特别是拍摄十几秒、几十秒的短视频，每一个镜头都是需要经过反复思考的，因为你要在最短的时间里表达出你想表达的东西。而有的视频拍摄手法还要使用一些特殊的拍摄设备，所以对于想进入短视频行业的人来说，选择好一套设备对于短视频的创作有直接影响。

那么，对于一个新手来说，刚入门的时候选择什么样的设备比较合适呢？

1. 拍摄装备

对于一个新手来说，其实不建议大家购买单反相机、手持稳定器等十分专业的拍摄器材。大家可以从最简单的手机入门，现如今手机的拍摄功能已经非常全面了，手机自带的相机功能足够强大，基本上能够满足新手的拍摄需求。最关键的是，大部分新手可能对拍摄的技巧和行业的知识根本不清楚，如果一开始就选择用单反相机拍摄，可能更适得其反。再加上一套专业的拍摄器材价值不菲，所以我建议新手入行可以先选择一台较好的手机。

当然，也并不是说做短视频就一定要用手机来拍摄制作，如果你自身对更专业的拍摄器材和一些拍摄知识有所了解，同时在资金允许的条件下，也可以选择购买更专业的设备来进行拍摄制作。比如初期的时候，就可以先入手一台佳能的5DsR，加上一个24—70mm的套机镜头，这类入门级的单反相机基本上也能满足前期的拍摄需求。如果你拍摄的主题是以人物为主的动态镜头，建议可以购置一台佳能5D3加上24—105mm套机镜头，这款设备相对于前面提到的人物拍摄要更专业一些，基本上能满足各个方面的需求。

2. 三脚架

拍摄短视频除了必需的拍摄设备以外，支架或者三脚架也是必不可少的一种设备。比如拍摄一些特殊的镜头，或者比较大的镜头，基本上是离不开三脚架的。大家在购买三脚架的时候，还是建议尽量购买好一点、专业一点的适用于摄像机的三脚架，因为一个好的三脚架拥有更专业的功能，在拍摄的时候，这个小设备能派上大用处。

3. 灯光设备

拍摄短视频的时候，现场的光线是否充足对后期画面的质量有着十分重要的影响，初期入门在不讲技巧的情况下，至少也要保证主要的人或物光线要充足。这里建议大家可以购买反光板，几十块钱左右，然后购置一套户外可充电的LED补光灯，这样就可以拍摄出一些对灯光效果有要求的视频内容了，而且价格不贵，几百块钱就可以解决。关于灯光亮度，建议尽量买高亮度的灯光。当然，能通过遥控调节的就更好了。

二、手机能代替专业设备吗？

如今，人们早就已经进入了手机摄影的时代，出去旅游时，看到美丽的风景，用手机拍一张；看到帅哥美女，用手机拍一张；享受美食之前，用手机拍一张；朋友聚会的时候，用手机拍一张。

大家可能会有一个问题，手机的相机已经这么先进了，甚至有的手机拍完之后还能自动美颜，那么我们还要相机做什么呢？打个比方，你准备举办人生中最重要的婚礼，你找了一个摄影师全程跟拍，而他的收费标准是 888 元一小时，但是摄影师突然告诉你说相机坏了，他用最先进的华为 P40pro 给你拍，行不行？一样拥有 5000 万像素，这个时候你觉得你愿意吗？

手机和相机的摄影不是一个概念，它们之间毫无可比性。手机的相机功能很重要，因为它让摄影得以普及，让所有人都能通过手机里相机自带的一些功能获得不错的摄影体验，并且打破了以往必须要有摄影师和摄影设备才能记录精彩瞬间的一个局限。这对于推动摄影行业发展来说是起了很大的作用的。但是，摄影从头到尾都是一门技术活，就像你会打乒乓球跟你能代表国家队参赛是两个不同的概念。手机摄影虽然普及到所有人，但并不代表它就可以把专业的设备和专业的摄影师取代了。手机给大家带来的更多是便携，因为不是所有人都愿意随身带着一套专业的设备，而专业设备主打的是更高的画质、光学虚化、高速快门和齐全的焦段。如果你只是想拍点照片发朋友圈，一台手机的画质完全够用；但如果你是通过这个摄影来挣钱，需要把拍摄的照片或者视频放大很多倍，专业的设备绝对是不二的选择。

1. 画质高

如何看画质的好坏呢？通俗来说，就是把拍摄的画面放大然后观测细节，其中像素只占一小部分。但是像素这个参数是唯一在手机相机中能做得和专业设备一样甚至远超专业设备的一项参数，同时也是让大众很容易理解的一项参数。很多手机品牌在宣传的时候都在说像素多少多少，和单反一样。虽然说像素对画质有着一定的影响，但传感器尺寸对画质的影响更大。简单来说，摄影是光的艺术，那么传感器越大，能接受到的光就越多，画质就会越好。除了传感器，还有一个因素对画质有着很大的影响，那就是镜头，而我们手机的镜头大多都是塑料加工制成，其透光率远不如玻璃。

2. 高速快门和光学虚化

为什么把这两项放在一起说呢？因为这两项都是由镜头等效光圈提供的。大光圈可以增加一定的进光量，不但能提高画质，还能提升快门的速度。另外，光圈还决定了背景的模糊程度，高速的快门能够捕捉到高速运动的物体，这一点大部分手机是做不到的。

3. 焦段齐全

专业的相机设备可以更换不同的镜头，所以我们也可以通过不同的镜头获得不同的焦段。无论是鱼眼镜头、1200 超长焦镜头，还是 180 度超大视角等，这些在专业的相机上都可以实现，而手机在这方面的优势就相对要弱一些。

其实把手机和专业设备拿出来做一个对比，并不是让大家一开始就入手专业相机，只是让大家清楚设备对拍摄短视频的重要性。当然，对于一个新手来说，多拍、多思考，才有助于提高摄影水平和兴趣。

三、没有团队可以玩转短视频吗?

新人在没有团队的情况下可以从以下几点入手。

第一，先确定自己要做的短视频的内容方向，可以找一些成熟的大号作为参考学习，然后在自己制作的时候保证做的内容是垂直领域的。最好的办法就是选择自己擅长的领域来做，确定好领域之后再根据热门内容来定自己要做的内容方向。

第二，拍摄制作原创视频时，建议大家先写一个脚本，将自己准备做的视频内容划分成几个步骤，要清楚地知道自己做的主线是什么，每一步的内容是什么，只有通过设计脚本的方式才能让你在拍摄视频的时候不慌不忙、有条不紊。

第三，在拍摄视频之前，最好把想到的视频展现镜头写进脚本里，这样你才能梳理清楚哪些镜头需要用到什么样的拍摄手法和拍摄的工具，最好是把拍摄的场地、布景、灯光条件、人物服装等都写进脚本里，这样在拍摄的时候才能一目了然，让自己知道该准备些什么。

第四，关于视频的后期制作，建议新手可以从剪映入门，适当做一些后期，比如添加滤镜、转场、字幕、背景音乐等，都会把你的视频质量提升一个层次。

如何制作短视频的脚本?

第一，首先要确定自己的故事主线，建立一个框架出来。对于视频内容的构架，脚本有着十分重要的作用。确定了框架之后，我们就可以开始根据故事大纲来写故事了。比如我们要写一个情感类的故事，主题是分手，分手的前因后果是什么，理解了这些，就可以创建一个故事了。

第二，脚本最重要的一个作用就是确定整个视频内容的时间。在写镜头的时候我们就应该把时间写进去，比如分手的某个镜头是几秒，主角哭泣的镜头是几秒，这里一定要确定用户的大致观看时间，确定了时长之后，我们才能根据视频内容的长度来设置一些反转和冲突。一般来说，每15秒一个反转或者爆点可以更好地留住观众，但是现在很多有大团队的大号基本上都能做到三秒一个反转。

第三，确定道具和场景。故事的发生肯定是在一定的场景中或者要用到一定的道具，对于场景和道具，新手一定要根据自己的实际情况来进行选择，这些要用到的场景和道具也需要写进脚本里。

第四，拍摄所需用到的技术和拍摄方式。比如镜头前推、后拉、跟拍、全景、中景、近景、特写等，不同的拍摄方式和拍摄技术决定了最终会呈现出不同的效果。先在脑海里填充好一个画面，然后再把实现这个画面需要用到的拍摄手法写进脚本里。

短视频到底怎么玩？

一、访谈类短视频

访谈类的节目大致可以分为五大系：央视系、卫视系、工作室系、网络综艺系和网络短视频系。

央视系的比如《实话实说》《人物》《大家》等。

《实话实说》主要是群体现场交谈的形式，主持人、嘉宾以及观众在活跃的氛围中，展开某一话题的讨论，这类节目在短视频领域暂时还比较难实现，因为投资较大，节目时间较长。而《人物》基本上走的是纪录片的路线，但是每一期的成本都比较高，时间同样较长。

卫视系的比如《锵锵三人行》，目前已经停播了，但优酷又开启了风格相同的《圆桌派》。与央视系的节目相比，这一类节目相对成本要小一些，主要是把文化社会名人聚集在一起，以朋友圈沙龙的形式自由交谈。

工作室系比较有代表性的就是鲁豫工作室的《鲁豫有约》了。这属于棚拍类的访谈节目，而后期推出的《大咖一日行》就是为了满足更多观众的需求，打破传统的棚拍访谈的限制，跟随摄制组一起走进企业家的工作和生活，并且很成功地打造了“董明珠”“王健林”等很多期爆款。其他工作室系的还有杨澜工作室的《杨澜访谈录》、李静的《非常静距离》等，大家可以上网查询了解一下。

网络综艺系有小 S 的《姐姐好饿》以及蔡康永的《男子甜品俱乐部》等，很多的台湾地区明星都通过这类网络综艺节目再次曝光，重回大陆观众的视线。其中，蔡康永的节目包含了搞笑、美食和煽情等元素，看点较多，人物访谈类节目在创新之后还是十分有市场竞争力的。

网络短视频系的人物访谈节目目前也有很多优质案例，比如《十三邀》《透明人》《一席》等，目前为止，仍然有很多有才华有创意的人在持续进行访谈类节目的探索和创新。

在了解了访谈类节目之后，我们要怎么去拍摄制作访谈类节目呢?

不管是街头采访还是棚拍的人物采访，抑或是人物出镜的访谈类短视频，我们所针对的对象都是人。想要把这类短视频做好，就必须用很好的技巧和方法来捕捉被采访的人。拍摄人物需要有固定的角度和方式方法，这类视频制作看似简单，实际上是十分考验基本功和创造力的，接下来我就给大家讲讲制作这一类短视频都有哪些技巧。

1. 画面的设置

在拍摄这类视频的时候，人物的位置最好位于整个画面的三分之二处。这个位置是人的视觉相对最容易捕捉到的中心点，同时也是最容易凸显主角的一个位置。如果把人物放在画面的边角或者最中间，会显得整体画面不协调以及过于呆板，这就达不到我们想要把人物突出的目的了。

在对人物进行拍摄的时候，还有几点大家需要特别注意一下。

第一，一般初次上镜的嘉宾都会比较紧张，有些不自然，这也就是我们所说的镜头恐惧感，在拍摄之前应该对被采访对象进行一些安抚，并且在整个拍摄过程中多向采访对象表示肯定和赞许。这样才能让采访对象更有信心，更好地发挥。

第二，根据访谈类型的不同，我们整个访谈的环境也要布置得符合主题才行。首先要保证整体背景是干净整洁的，接下来就是根据不同人物需要用到的场景来进行布置，比如亲情类主题，我们就可以把背景布置得温馨一点，对于幽默类的访谈，我们可以把现场布置得活泼一点。

第三，每个被采访的对象都希望自己在镜头中看起来更高一些，身材更好一些，这时候我们的摄像机可以稍稍架高一点，然后对采访对象微微俯拍，这样就会凸显出采访对象有比较好的状态。如果我们的采访对象是一些比较有地位、有名气的人士，那么我们可以用侧面仰拍的形式来对其进行拍摄，这样可以凸显出对采访对象的尊重。

2. 机位的布置

在拍摄访谈类节目的时候，我们通常采用的是一个或者两个机位。如果条件允许，使用三个机位会有更好的效果。如果是两个机位，一般是一个正机位和一个侧机位来记录整个过程；如果说有第三个机位，就可以更灵活地进行移动拍摄，这样可以更突出人物的一些特写。

在进行采访的时候，正机位最好不要让受访者直面镜头，最好的方式是让受访者的视线偏向正机位 30 度到 45 度的方向，这个角度会让受访人在画面里显得更自然，脸部也显得更有立体感。侧机位可以固定对着受访人的脖子以上的部分进行特写拍摄。如果有第三台可以自由活动的机位，可以拍摄一些全景或者受访人的一些动作和表情的特写，这样会让整个画面更加丰富，不会显得乏味枯燥。

3. 布光及参数设置

最好的布光就是让人看不出来有布光的痕迹，光线看上去越自然越好。所以在给人物布光的时候一定要注意均匀，不要让人物的面部及其他地方产生阴影，通常用三点布光就能达到这个标准。而摄像机的参数设置具体要根据现场的布光和室内外的光线来进行设置，画面不能太亮也不能太暗，对于新手来说，如果拿不准这个度，建议宁愿暗一点也不要太亮，画面暗点后期可以调整回来，如果太亮了则后期无法补救。

“高感光度和大光圈”通常适用于室内拍摄，大家还要合理利用其规避光线，这对于拍摄都会起到不一样的效果。日落和日出的前后两小时就非常适合拍摄访谈类的人物，大家可以充分利用起来。而遇到受访人顶部有强烈的光照射或者明暗反差很强烈的情况，大家就要想办法来规避，找一些东西来进行遮挡，或者利用反光板等设备来进行调整。

二、剧情类短视频

剧情类短视频的特点

为什么剧情类短视频能够占领抖音和快手的大半壁江山，因为其拥有以下几点优势。

1. 触及到观众的“爽点”

剧情类短视频就像我们读网络“爽文”一样，最后坏人一定是恶有恶报，好人都得到了沉冤昭雪。这一类短视频内容让观众看完了会有一种非常解气、非常舒服的感觉。

2. 剧情的反转

内容大多表现为观众以为剧情的结局就是这样的时候，突然就发生了反转，比如之前以为是坏人，结果是卧底，穷人其实是“富二代”等，这类微微“烧脑”的剧情很能迎合观众的期望。

3. 内容有笑点

这类内容简单来说就是能让观众不断大笑，看完让人觉得轻松快乐，就好比朱一旦、疯产姐妹、维维啊等。

4. 能够引起共鸣

这一类就是让用户看了之后很有代入感，感觉这就是在说自己或者自己身边的朋友，感觉简直就是在自己家里装了摄像头一样，说得一模一样，就好比 papi 酱。

很多人普遍觉得剧情类短视频制作成本较高，变现方式比较难。其实剧情类短视频的未来十分可期，虽然相比于解说类、搬运类、vlog 类、测评类的短视频内容，想做出优质的剧情类短视频成本稍微高一点，周期要长一点，但是相比于传统的影视剧，优势还是很明显的。

首先我们来说制作成本，像朱一旦这类账号，拍段子可以在三个月内连续更新 100 集，用手机拍摄就可以了，门槛其实很低，并且短剧的审核比较简单，风险小，制作也十分灵活。剧情类短视频的制作周期比较短，用户的反馈也很快，完全可以边拍边发布，然后根据反馈调整方向。而且抖音、快手等各大平台也在大力的鼓励和扶持剧情类短视频，我相信未来剧情类短视频仍可持续地占据短视频平台的大半壁江山。

有的朋友觉得现在剧情类账号产出十分低，好不容易原创的内容没能火，靠模仿别人的也做不长久，感觉有点在“烧钱”一样。虽然说剧情类的账号做大做强有一定的难度，但是一旦做起来了，不仅能快速爆火，其变现能力也是十分可观的。这就是为什么大家一边在说剧情号不好做却一直不断尝试的原因。

什么类型的剧情号更受欢迎？

我们接下来看看目前做得好的剧情号有哪些，为什么能受到观众的青睐呢？

1. 团队类型的剧情号

提到这一类账号，就不得不提到“叶公子”和“孟婆十九”了。严格意义上来说，他们属于连续短剧类型的账号。叶公子是以剧情反转为主，呈现女强人逆袭的套路；孟婆十九以国风元素的形象，讲述一个个情感故事，这个账号的第一个视频就爆了。这一类账号在短视频平台上受到大量观众的热捧，其主要原因是节奏快、反转多和剧情连贯，加上情感上的共鸣，相对于冗长慢节奏的电视剧，这类内容更能让人上瘾。

2. 家庭类 IP

这两年很火的账号里面，“大狼狗郑建鹏 & 言真夫妇”就是典型的成功案例，他们给观众最深刻的印象就是包租夫妻加上广东话，以及男主角的“妻管严”，整体的人设做得相当的完美。最开始的剧情就是一副老实巴交又朴素的形象，然后在被别人采访之后，剧情马上反转，其实他们是超级有钱、拥有很多房产的土豪，前后对比的反转是他们内容的一大亮点。在后来的视频内容里，他们的孩子也加入其中，内容变为偏向于家庭喜剧一类，但主要的人设没有改变。这一类账号受欢迎的主要原因是很贴近观众的日常生活，并且在情感上产生共鸣。

3. 两人互动类账号

这类账号大多是兄弟、闺蜜、夫妻为主，其中做得比较好的有“放扬的心心”和“疯产姐妹”两个账号。“放扬的心心”是一对情侣在做，其内容既有颜值又有剧情，并且还十分甜蜜；而“疯产姐妹”就属于比较接地气的一类，讲述的两个闺蜜日常生活中的相爱相杀，这个账号短时间内就积累了大量粉丝，她们呈现给观众的感觉就是非常真实，就感觉是两个闺蜜真实相处的一种状态，给人以很强的亲近感。这一类账号的重点就是互动性，要么让人觉得接地气，要么让人觉得很羡慕。

4. 个人类型账号

这一类账号大部分都含有反串的元素在里面，例如毛毛姐、毛光光等。这类账号最大的特色就是一人分饰多角，再加上反串，首先这种形式就能快速吸引观众的注意力，再加上他们的内容十分贴近现实生活，让观众很快就产生了既视感。

抓住关键，直击受众痛点，才能做好剧情号

当然，除了以上说的四种类型，还有一些店铺类型的账号也是十分火的，另外还有侦探类型、美食情感类型等。聊了这么多种类型的剧情号，大家有没有发现他们之间有很多共同的元素？

1. 独特的人设

这些账号里面的人设都是十分独特鲜明的，不管是毛毛姐的反串还是包租婆的人设，都能快速给大家留下十分深刻的印象。

2. 剧情“爽”，节奏快

短视频的内容要的就是短、频、快，这跟电视剧有很大区别。在电视剧还在做很长的铺垫和伏笔的时候，短视频就已经有了好几个转折，所以剧情类短视频的内容节奏一定不要拖沓，反转要多，整体剧情要让人“爽”！

3. 贴近生活，产生共鸣

大部分剧情类账号的内容，其实都是贴近我们真实生活的，他们所呈现的那些生活中的琐事或者社会的热门话题都能够引起广大用户的情感

共鸣。

三、动画类短视频

早些时候就有不少动漫创作者批量入驻抖音短视频平台，其中有些创作者已经积累了上千万粉丝，获得了上亿的点赞。比如一禅小和尚、唐唐、萌芽熊、尊宝爸爸、狗哥杰克苏、喵小兔漫画等，这些千万级粉丝量的账号已经构成了不可忽视的影响力。虽然我们看到大批量的动漫从业者进入了抖音平台，但是很多人却始终搞不明白，他们到底是通过什么样的商业化模式来变现的。

2019 年 10 月 10 日的下午 13 点，水山一几文化的创始人在自己的朋友圈里发布了一条信息："本月广告已满，欢迎预约下个月的。"水山一几文化打造的抖音账号"伊拾七"是 2D 形象的一个虚拟动漫人物的名字，这个虚拟的偶像仅仅做了 150 天就积累了 300 多万粉丝，依靠伊拾七的日常生活小故事，获得了 4000 多万点赞，其评论量也达到了 6. 5 亿之多。

初期，水山一几文化的创始人身边的朋友都不看好这个账号，都在说这类账号需要不断烧钱，以他们创业团队的实力不能和那些有钱有背景的大团队进行抗衡。但是几个月后。伊拾七还是坚持上线了，仅仅三个月的时间，通过伊拾七这个账号带来的广告收入就已经能支撑全公司的开支了。目前，除了广告收入，账号还有了游戏授权等其他收入。

那么，一条视频的广告收入大概有多少呢？我们通过几个二次元的抖音账号大致了解了一下，粉丝 300 万左右，每条视频平均点赞 5 万以上，热门视频的播放量能达到 3000 万以上的账号，每条广告的报价是 10 万元；粉丝超过千万的账号，基本上单个视频的广告报价在 50 万左右，并且不保证植入了广告的视频的播放量和点赞数等。

动画类短视频的三个主要变现方式分别为植入广告、衍生产品以及各类授权，下面给大家分享一份抖音短视频平台前 30 名动画类短视频的账号名单，统计时间为 2019 年 10 月 10 日（见表 7 - 1）。

表 7 - 1 抖音平台前 30 名动画类短视频账号详情表

账号昵称	粉丝数（万）	获赞数（亿）	视频数	首发时间	商品橱窗	备注
一禅小和尚	4780. 6	2. 5	375	2017. 11	有	3D 动画
唐唐	1955. 3	2. 3	171	2019. 01	未开	2D 动画
萌芽熊	1575. 4	0. 99	138	2017. 09	有	3D 动画+实拍
僵小鱼	1360. 2	0. 25	273	2017. 07	有	3D 动画+实拍
猪小屁	1319. 6	0. 85	333	2017. 11	未开	3D 动画+实拍
线条君 LineDancer	1226. 9	0. 72	227	2018. 06	未开	动画+实拍
尊宝爸爸	1187. 4	1. 2	271	2018. 10	有	2D 动画
狗哥杰克苏	1163. 1	1. 5	136	2018. 08	有	2D 动画
喵小兔漫画	1157. 2	1. 3	316	2018. 07	有	2D 动画
小品一家人	1117. 8	1. 3	423	2018. 06	有	2D 动画
这班挺有闹	1031. 8	0. 36	320	2017. 07	有	3D 动画
巴比兔	902. 8	1	264	2018. 06	未开	2D 小故事
猪屁登	897. 9	0. 91	206	2019. 01	有	2D 多角色
杰克大魔王	723. 0	0. 63	132	2018. 04	有	2D 动画+实拍
探探猫和豆豆猪	658. 8	0. 4	346	2018. 05	有	3D 多角色
斑布猫	599. 3	0. 34	149	2018. 05	有	3D+实拍
脑洞大开	593. 8	0. 19	293	2018. 07	有	2D 多角色
飞狗 MOCO	468. 8	0. 29	116	2018. 11	有	情景小故事
由你玩四年	467. 4	0. 24	67	2018. 12	未开	动画推广
吾皇万睡	438. 3	0. 22	114	2018. 02	有	2D 动画
长草颜团子	436. 2	0. 24	324	2017. 09	有	2D 动画+实拍
喜羊羊与灰太狼	431. 9	0. 32	288	2018. 06	有	动画推广
快看漫画	421. 0	0. 18	171	2017. 12	有	漫画推广
小狮子赛儿	381. 9	0. 5	192	2018. 09	未开	原创动漫 IP
伊拾七	365. 2	0. 43	68	2019. 05	有	2D 多角色
默默酱	322. 5	0. 27	410	2018. 04	有	虚拟形象
三只松鼠	204. 6	0. 1	380	2018. 03	有	品牌电商

续 表

账号昵称	粉丝数（万）	获赞数（亿）	视频数	首发时间	商品橱窗	备注
小爷哪吒	170. 0	0. 2	85	2019. 01	未开	推广营销
抖音动漫	54. 7	0. 02	91	2018. 09	未开	抖音官方
微博动漫	28. 8	0. 01	169	2019. 03	有	漫画推广

四、游戏类短视频

游戏这个行业越来越火爆，短视频的创作者中也有不少人以游戏相关的内容吸引了众多的粉丝。随着游戏的火热程度，玩家也越来越多，这对于短视频新手来说，绝对是个很好的机会，那么做什么类型的游戏内容会比较受欢迎呢？

制作起来相对简单一点的方式就是把一局游戏录屏保存下来，然后将精彩的部分分割成几段，最后配上一些剧情，且前后内容具有连贯性，这样一个连续剧形式的游戏短视频就生成了，这类形式也比较吸引人。

真人出镜的形式，但是一定要让整个过程显得生动有趣，不然在新用户不认识你的情况下很可能会被直接划走，更不要说为你点赞和关注了。

注意解说的形式，这里说的解说并不是那种体育比赛过程中进行的解说，而是将整场游戏录屏下来，然后通过后期的文案进行配音解说。比如总结游戏中的一些问题、道具的使用、技能的释放、角色的玩法等，这种游戏短视频的垂直度就相对较高，很容易吸引粉丝。

教学类游戏短视频，可以针对某个游戏，创作者可以根据自己的经验教授大家如何提升自己的操作，把自己的技术和经验分享给大家。

体验各种游戏，这类短视频有点类似于开箱测评类的短视频，就是通过自己亲身体验不同的游戏，然后把游戏画面和自己的感受紧密结合，形成一个完整的短视频呈现给观众。

“脑洞”大一点的创作者还可以把各类好玩的游戏片段剪辑出来，写好精彩的文案然后配上声音，特别是搞笑类的配音或者方言配音，是很多观众都喜闻乐见的。

大家在起步阶段的时候一定要尽量保持内容的垂直和风格的统一，比如我们是做《王者荣耀》相关的视频，就一直结合这个游戏做下去，尽量不要频繁更换游戏类型。另外，在配音方面，“中二”和搞笑的风格更容易受到观众的青睐。还有就是，短视频的前面几秒一定要吸引眼球，不然在用户不了解你的情况下很容易划走。

在视频制作方面还要切记保证画质的清晰度和流畅度，不要上传模糊卡顿的视频，也不要带有任何水印，视频的封面建议风格统一，而标题方面尽量做到直白清晰。至于视频的内容要避免暴力血腥的画面，尽量不要搬运别人的视频，大家完全可以自己在游戏里录屏，还有就是很多游戏或者比赛画面的素材是需要授权的，也要注意规避版权问题。

五、布景与构图

为什么有的人拍的短视频画面那么唯美那么温馨，但自己却拍得如此平淡？有的人觉得是拍摄技巧的问题，有的人觉得是设备原因，有的人觉得是后期调色的效果。其实想要把整个画面的质量提升，最首要的方法就是对场景重新布置，一个好的场景布置，可以明显提升短视频的质量，有助于短视频账号的成长。

布景要点

1. 场景布置

一个短视频的品质高不高，很大部分取决于你的选景。在拍短视频的时候，如果选择的背景是户外，那么布置整个场景的财务和时间成本都会特别大，并且也不容易布置出自己想要的那种效果。如果是这种情况的话，最好的解决办法就是把场景更换到室内或者说是稍微小一点的空间里。如果更换到这些地方的话，布景相对比较容易，那么视频的整体品质就会得到提升了。

2. 装饰品

想要提升整个短视频的品质，首先是对背景进行布置，布置背景的时候不用有太多装饰品，只要能够凸显出品质感就足够了。大概可以遵循两个原则，第一是布置的整体装饰风格要符合视频整体内容的调性；第二是用到的装饰品千万不要过于抢眼，如果过于抢眼，观众的注意力可能大部分就分散饰品上面去了，反而没记住视频内容。

3. 光线的掌控

布光对于拍短视频来说是十分讲究的一门学问，这其中就包含了主光、背光、测光、辅助光等方面的运用技巧。只有熟练运用了这些技巧之后，才能让我们拍摄出来的短视频更有层次感，才能让品质提升更高的档次，这就需要大家长期摸索和不断试错，一步一步慢慢成长。

构图选择

接下来我们再来说说拍摄短视频的几种构图方式。

对于短视频的画面内容，我们不可能做到面面俱到，但我们可以把其中的“精髓”提炼出来。让我们的画面主次分明，就很容易让观众领会到我们想表达的主题，并且不会感到画面有突兀的地方。

下面就是我们常用的几种构图方式。

1. 三角形构图

这种构图方式是将我们想要呈现的主体在进行拍摄的时候放在一个

三角形中，或者说是拍摄的内容本身就具备三角形的形态，这种构图模式可以给人带来巨大的冲击力和视觉享受。就好比是拍摄一座金字塔一样，其本身就具备三角形的形态，这是一种稳固的象征，让观众有一种稳定感。

2. 九宫格构图

九宫格构图其实就是我们常说的黄金分割法，是我们在拍摄短视频的时候会经常用到的一种方式，其构图方式就是利用九宫格原理在整体画面上划出上下左右四条黄金分割线。

3. 引导线构图

通过线条的拍摄让视频画面显得更有张力，让观众感受到高大的画面效果，这类构图方式主要适用于拍摄远景，例如高楼大厦、参天大树等等。大家可能很少见到这种构图方式的短视频，但是我们可以借鉴这种构图方式，拍出一些广阔博大的视频画面。

4. 对角线构图

利用线形成一种对角关系，让画面更有运动感和延伸感，这样的构图效果可以将观众的视线吸引到整体画面的深处。在利用这种构图方式的时候不一定要按我们划好的固定线条来进行拍摄，可以是所有拍摄对象中具有的线条形状或者是光线等。

以上几种构图方式大家可以在短视频平台中去看看实际案例对比一下，在实际拍摄的过程中，我们可以同时将几种构图方式结合起来运用，而非单一的运用其中一种，这样才能将更美、更清晰的画面展示给观众。

六、短视频的运镜技巧

对于新手来说，在拍摄短视频的时候如何运用一些技巧来让短视频整体更精致，这是最感兴趣的。只有在拍摄的时候抓住了好的素材，在后期制作的时候才能更手到擒来，因此，短视频拍摄运镜的技巧显得十分重要。

归根结底来说，短视频也是视频的一种，在拍摄过程中，传统的拍摄技巧同样适用于短视频，一个呈现给观众的完整视频无非就是通过多组镜头结合在一起来完成的，所以在拍摄的时候，镜头的运用技巧将直接影响最终成片的效果。其实拍摄视频，新手和老手之间的区别莫过于拍摄的基本功扎实与否，老手拥有优秀的基本功，他们能让视频更加自然流畅。而他们在拍摄时所用到的技巧大致可以分为推、拉、摇、移、跟、甩、升、降等，这些都是拍摄方式的基本功，也就是我们所说的运镜。那么这些运镜技巧到底该怎么来应用呢？

1. 推镜头

推镜头就是将镜头对着我们要拍摄的主体，然后一步一步走向拍摄的主体，这种运镜手法能够起到突出人或物的作用，把观众的注意力引向局部。镜头推得越近，画面里包含的东西就越少，观看者的注意力就越集中。当然，也要掌握一个尺度，并不是绝对的越近越好，而是相对的。

2. 拉镜头

拉镜头和上面讲的推镜头是恰好相反的，拉镜头就是将镜头对着我们要拍摄的主体，然后一步一步远离主体，这种运镜技巧可以展现主体在整个环境中的位置，也可以用来与特写镜头之间的转换，用这种镜头来进行衔接会显得更自然。

3. 摇镜头

摇镜头也可分为左摇、右摇、上摇、下摇和斜摇等多种方式，被拍摄的主体的位置不变，依靠镜头的变动来变换拍摄的方向。这种拍摄方式可以让内容更连贯。记住，在运用摇镜头的技巧时，一定要保持均匀的速度，开始要先停留一下，然后慢慢地加速或减速，或保持匀速，最后结尾一定要缓慢。

4. 移镜头

移镜头大多是利用滑轨来完成，但是在没有滑轨的情况下，我们可以使用双手持摄像机，缓慢移动双臂平移镜头来完成。这种运镜方式的优点是可以有效地把人与物或者人与人、物与物之间的空间关系更连贯地表现出来。摇镜头与移镜头虽然都是同样的表现方式，但是画面上体现出来的感觉是不一样的，摇镜头是设备不动，拍摄的角度在发生变化，而移镜头则是角度不变的情况下设备的位置移动，形成一种跟随的既视感。

5. 跟镜头

跟镜头就很好理解了，就是指设备跟着拍摄主体在运动的状态下拍摄，需要注意的是镜头中的拍摄对象在整个画面的位置是保持不变的，变化的只是前后的场景。这种运镜技巧可以体现出主体的运动、物体的速度，以及整个运动状态和周围环境的呈现。

6. 升降镜头

升降镜头也就是设备上下运动的拍摄方式，包含垂直方向的上下运动、斜向的升降或者不规则的升降等，这样的运镜方式会让视觉感受更丰富。

7. 甩镜头

甩镜头指的是在一个画面结束后，马上快速摇转到另外一个方向。摇转过程中，中间拍摄到的画面模糊不清，这种方式比较符合人眼的一种视觉习惯，甩镜头可以展现不同场景中同时发生的情景，利用这个运镜技巧的时候一定要注意节奏和速度，其中要甩的方向、长度和速度都考验摄像师的水准。

8. 晃镜头

这种运镜技巧其实在日常拍摄中用到的并不多，只适合在一些特定的场景中才有其独特的作用。其运用方式就是上下前后摇摆的拍摄，常常用来表达精神恍惚或者车辆颠簸等，让观众更有现场感。

七、景别与镜头

为了给观众呈现出想要看到的拍摄对象不同角度、不同距离的形态，这里就有了镜头的不同景别。景别的意思就是摄影设备和被拍摄主体之间距离的远近所形成的形象的大小。景别的大小和镜头的焦距相关，景别是视频创作中十分重要的手段，为了整体画面的主次分明，或依据情节的需要、观众的心理，处理好景别有助于塑造鲜明的影视形象。

景别一般划分为远景、全景、中景、近景和特写。常常按照画面中的人物大小或者景与人的比例作为参考来划分这些镜头的尺度。在拍摄的时候，摄像设备和被拍摄的主体之间的距离就是我们所指的拍摄距离，针对一个被拍摄的目标，摄像机的机位固定好，镜头的焦距保持不变，只需要前后移动设备的位置，得到的画面组合就会不同，这也是景别。

接下来我们一一介绍常用的几种景别。

1. 远景

摄像机在拍摄的时候离被拍摄的对象比较远的距离，这种画面就会显得很开阔，能够很好地展现人物所在的整体环境空间，可以通过这种镜头来渲染气氛、抒发感情或者打造一种意境等。就好比一个人漂流在茫茫的大海上这种远景，让人物显得十分渺小，表现对大自然的敬畏，远景能把远近的景物都囊括在一个画面内，能够充分反映景物的全貌。但是大远景的话，画面中的活动就会显得不是很清楚，比如一个人在蜿蜒的山路行走就会显得像一只蚂蚁一样。

2. 全景

全景指的是画面中呈现被拍摄的对象的全身镜头或者一个场景的整体全貌。全景相对于远景来说，视野要小一些，这类镜头在画面中既可以看清楚被拍摄的对象，又能看清楚整体环境，所以常常用来表现被拍摄对象的整体动作或者和周围环境的关系，可以完美呈现人物在一定的空间中的活动过程。这类镜头大多可以用于会场、课堂、广场、商场等，是拍摄人物在一定范围中的动作的主要手段。

3. 中景

中景一般是展示人物上半身部分的镜头，这类景别的被拍摄对象占有整个画面的比例增大，观众能够通过这个画面清楚地看到人物的形体动作，同时也能很好地观察到人物的表情，从而展示人物的神态和情绪。中景属于常见的一种基本景别，一个视频作品的好坏，大多都要看中景的运用是否到位。

4. 近景

相比于中景，近景离被拍摄对象的距离更近，主要表现被拍摄对象的胸部以上的镜头，人物占据了画面的大半部分，周围的环境变得相对模糊，观众可以清楚地看到人物的表情、形象等细节，但无法看到人物整体的动作。这类镜头常用于呈现人物的心理活动、面部表情等，比如一个微笑、一个皱眉，主要突出人物的神情和一些重要的动作，近景在视频拍摄中经常被用到。

5. 特写

特写用于表现被拍摄对象或者一些物体的细微特征镜头，是拍摄距离最近的一种景别，如抽搐的嘴角、满含泪水的眼眶、滑落的汗水、惊恐的眼神等，给观众造成一种强烈而又清晰的视觉形象，一般可以用这类景别来介绍人物或者突出某个物体。

特写镜头呈现给大家的感觉就是离被拍摄对象只有一两米的距离，可以清楚地看清人物的面部、手或者物体的一些细节，这类景别常用于场景转换。

八、导演思维

作为一个短视频的创作者，当一个剧本交到你手里，你如何才能将它变成一个精彩的短视频呈现到观众眼前呢？

在一部影片变成最终的成片的过程中，有一个很重要的事就是发现一种想法，并让这个想法在影片的制作中彻底贯穿，这种所谓的想法就被称为“导演思维”。这不仅仅是在导演脑海里演绎的一种抽象概念，而是可以将创意和实践紧密联系在一起的指导准则。

在一个短视频的创作过程中，编剧利用文字，导演使用镜头和表演，后期制作使用画面和音响来尽可能讲述故事，虽然他们的目标是一致的，不过他们的贡献各有侧重。

那么，如何才能形成导演思维呢？

大家可以先从解读剧本入手。导演思维在第一次读剧本的时候就应该浮现出三个重要的信息。

这个故事是什么类型的？或者这个故事是什么形式的？每一个剧本都有它不同的人物呈现、情节设置和戏剧架构。

这个故事里的主要人物是谁？他有什么样的目标？必须有一个目标很明确，并且鲜明独特的主要人物。

这个主要人物在故事里会有哪些经历？是如何被改变的？大家要准确地判断主要人物在整个故事开始时的状态和随着情节发展所发生的变化。

在第二次看剧本的时候，大家还应该浮现出新的问题。

故事发生的背景前提是什么？这里有也可以称为主要冲突，主要人物是否面临着两个对立的选择？这个选择往往推动着故事继续发生。

这里的前提和主要人物的目标是不是应该一致呢？

主要人物在故事中发生的变化是不是有意义？在情感上是不是可以令人满足？

故事中的情节有哪些？是否被很好地运用了？一般来说，当情节的发展与主要人物的目标相反时，往往能有效地发挥作用。比如在一部电影中，一个年轻的女主角不愿相信她的丈夫在战争中遇难了，那么战争的残酷性和找到她丈夫还活着的情节，更近似于幻想，并不具有真实的可能性，如果不在主要人物达到目标的过程中设置某种艰难的障碍，情节就没有发挥出理想的作用。又或者说《泰坦尼克号》这艘巨轮的航行，这是让情节发挥得极好的一个典范，船沉了，罗丝的爱情是在回忆中而不是现实。在故事中设置各种情节可能并不是导演所擅长的，但一定要在这方面下功夫才能展现给大家一个好的作品。

怎样让次要人物和两个主角的选择紧密联系在一起呢？他们是帮助者还是伤害者？某个帮助者对于主要人物来说更为重要吗？为什么会更

重要？

反派人物是所有其他人物中最关键的一个，他决定着主要人物的弧线和故事的发展，反派人物越强大，我们最终就会越觉得主要人物是英雄。所以，次要人物在整个故事中也起着十分重要的作用，尽管我们是跟随着主要人物来经历整个故事情节，但是次要人物却可以让整个故事更加引人入胜。

读完两次剧本之后，接下来就应该读第三次了。为了培养导演思维，三读剧本是十分重要的。

三读剧本可以定义为对剧本文本阐释的应用，最好的方式就是在一些维度中去揣摩故事的一些潜在的可能性。比如生存的维度、心理的维度、社会的维度、政治的维度等，每一个维度都可以编织出各种不同的故事。比如《迷失东京》这部影片，可以说影片兼具了日美关系的一种政治层面的维度，那么它的社会维度又怎么样呢？有没有阶级或者性别的问题存在？有没有一个阶级压迫另一个阶级的问题？

影视导演的思维是一种蒙太奇的思维，通过一组组镜头的选择然后组接在一起，形成一个完整的故事。看完剧本后，按照自己脑海里想象中的场面变成若干个镜头片段，再将这些零散的片段组合在一起，就形成了一个连续的行为或者事件过程。在开拍之前，导演需要将剧本里所描写的一切形象化和具体化，把这些想象中的画面与摄影师、灯光、演员等主创人员进行沟通，然后大家共同将这些画面变成实际的视觉影像。

那么导演思维有哪些特点呢？

一是形象化。导演看到剧本后的思维特点肯定是和创作剧本的人的思维特点有明显差异的，除非编剧和导演是同一个人，因为思维方式和理解方式的不同，所产生的想象肯定也会不同。

二是个性化。艺术思维需要导演自己独特的个性和创造性，视频作品的形象呈现出来是具体的，但是内容却是独特的。

三是具体化。内容大多来源于生活，对于导演来说，细节尤为重要，如果说是一个反映真实日常生活的短视频却不注重生活中的一些细节，情节虚假，将对整个短视频的结果造成一定的影响。

四是造型化。导演的构思包含了摄影造型、演员形体、场景美化等多种造型元素，导演在构思的时候对整个场景和人物的特征赋予造型强化，才能在故事发展中让观众通过画面产生强烈的感受，从而调动观众的情绪。

你也可以成为后期高手

一、后期制作软件

在各类短视频账号中，剪辑类创作的账号成为风口，在这个关键时刻还没有找到能让自己用得称心如意的后期剪辑工具肯定不行，在这里给大家整理了一些短视频的剪辑软件，抛开电脑，用手机也能迅速创作出自己满意的短视频。

1. 剪映

剪映也就是字节跳动旗下的剪辑 App，功能特别多，比如滤镜、变速、变声、美颜、剪辑、贴纸、字幕、音乐、音效等功能都有。其最大的特点就是拥有丰富的抖音热门歌曲和视频模板，“小白”也能轻轻松松地做出抖音热门视频。这款软件最近更是上架了一键拍同款的功能，只需简单的步骤就能让你做出高大上的短视频。

2. FiLMiC Pro

FiLMiC Pro 是一款十分专业的视频拍摄 App，它可以帮助你的手机实现很多只有在专业摄像机上才有的功能，例如各种参数的调整、宽度高度等。常用的功能有测光、对焦、监看、色彩控制、参数控制、延时摄影、点对点滑动控制等。

3. Quik

在相对专业的软件中，Quik 更容易上手一些，基本上新手也能玩得转，完成一个短视频的制作只需要几分钟的时间，只需要按照流程选择拍摄好的片段或者照片，就能生成炫酷的短视频，同时还可以加入个性化的文字和音乐等。

4. 喵影工厂

喵影工厂就是以前的万兴神剪手，没有基础的新手也可以通过这款“神器”轻松地制作短视频，这款软件拥有海量的模板及特效，可以让你的作品变得更炫酷。

5. InShot

这款软件也是集快速修剪、合并于一体的工具，完全能够满足日常短视频的剪辑需求，同样包含了剪切、音乐、滤镜、变速、变声、旋转、贴纸等功能，“小白”很容易上手。

6. VSCO

VSCO 也是比较流行的一款处理照片和视频的软件，其功能可以让你的照片和视频变得极具“逼格”。VSCO 的相机带有很强的手动控制功能，还能利用其海量的胶片滤镜、基础调整等工具来对视频进行加工。

7. 来画

来画主要以创意 AI 动画制作为主，它可以将你绘画的过程变为一个视频，只需要几张图片、几句文字和声音组合在一起，就生成了一个十分好玩的动画短视频。来画还自带了大量的免费视频模板和视频素材，特别适合大家用来做朋友圈的创意视频。

8. 快影

快影是快手旗下的一款短视频制作 App，同样拥有强大的剪辑功能和海量的热门音乐库、音效库以及各类封面。新手“小白”很容易就能制作出让人眼前一亮的短视频。因为快影是基于快手短视频平台的，所以它含有很多快手流行的短视频玩法、素材和模板。

9. 猫饼

猫饼也特别适合新手，它拥有非常多的趣味贴纸和字幕，一键就能生产魔性的视频，猫饼还具有独特的“一键鬼畜循环”功能。

10. 趣推

趣推含有海量的视频模板和素材，也特别适合用来制作朋友圈的短视频，能够轻松上手。

11. 逗拍

和趣推有点相似，只需要上传我们拍好的素材就能快速地生成炫酷的创意作品。

12. 快剪辑

这款软件的功能也很齐全，同时也很容易上手，他拥有很多滤镜和特效功能，能够快速制作自己想要的炫酷类短视频，同时还能自动生成字幕。快剪辑同样拥有变声的功能，包括萝莉音、大叔音等，视频制作完成后还可以快速分享到朋友圈或者抖音等社交平台。

13. Phlim

这款软件最吸引人的是它的滤镜特效，只需要将我们拍好的素材导入进去，一键就能制作出动态的影像，还可以让你拍摄的作品快速变成名画的感觉。

14. Aristo

这款软件也十分厉害，它可以把我们拍摄的视频变成具有大师风格的艺术作品，一键就能将普普通通的作品变为具有视觉冲击力的炫酷短视频。

15. OLDV

OLDV 带有很多复古的滤镜，操作也十分简单，其特色主要是将我们拍摄的内容转换成具有复古风的作品。

16. 动话机

这款 App 可以将语音转换成动感的短视频，它能自动识别语音里的文字，还能添加很多段子或者表情，同时也拥有变音功能，只需要一句话就可以生产一个短视频

17. 巧影

巧影相对比较专业一些，拥有视频层、图片层和文字层的功能，可以在原视频内容上叠加各类元素。巧影还含有多重音轨、色彩调节、3D 转场等专业编辑功能，最重要的是在编辑时不需要渲染输出就可以预览。

二、短视频的剪辑方法及技巧

前面我们讲到了短视频后期剪辑的工具，但是基本上我们讲的都是手机上就可以操作的剪辑软件，其实还有更专业的电脑端的软件，如 AE 和 PR，这两款软件的门槛较高，所以就没有对新手进行推荐。但是，如果你要问制作短视频用 AE 还是 PR 的话，我个人认为 PR 比较顺手一些。PR 完全可以满足日常的剪辑、抠像和添加字幕等需求，如果想要画面变得更精美也完全不在话下。

在这里就先不介绍 PR 的其他功能了，如果大家有兴趣可以找资料学习一下。这里我们主要讲一下后期剪辑的一些思路，对于一个新手来说，如何快速地上手呢？在短视频创作中，剪辑是相当重要的一个环节，可以说一部完整的优质短视频离不开剪辑，很多想入行短视频行业的人就是因为不懂剪辑所以迟迟没有动手。

首先，我们来说说剪辑的基本流程。

一般的视频的剪辑流程是先准备好前期的工作，先明确这个视频的主题并主动熟悉拍摄回来的素材，才能达到最好的剪辑状态；然后我们需要准备好设备，还要和相关的人员进行沟通；接着就开始整理素材，我们要根据自己的习惯对素材进行管理，比如根据我们的习惯把素材分类和重命名，以及按照素材的时间进行一次整理归纳。

接下来就是真正的剪辑环节。我们首先要在自己的脑海里考虑整部片子需要剪辑成什么样子，需要融合哪些点，什么地方该用到什么。在脑海里思考清楚之后，开始对素材进行第一次剪辑，也就是我们常说的初剪或者粗剪。这道程序主要是把我们需要用到的镜头全部整理出来放在视频的轨道上，然后梳理清楚整个镜头从头到尾的顺序。

初剪完成之后，我们要对初具雏形的视频进行第二次剪辑，也就是常说的精剪。精剪对于一个作品的剪辑来说是必不可少的，因为哪怕一帧都会影响着画面，影响着最终呈现出的视频是否能让观众接受。

了解完一般视频的剪辑流程后，我们再来看看针对短视频的剪辑流程。首先还是需要先了解我们的素材有哪些，然后找到适合这个短视频的音乐加入其中，接着也会涉及初剪和精剪，最后是加上我们想要的视频特效、字幕及音效等。完成之后，我们还要一遍遍地对剪辑出来的短视频进行检查，包括检查画面的搭配是否合适，有没有重复的片段，音乐卡点是否正确，视频有没有丢帧的情况，字幕有没有错别字，等等。总之，剪辑需要大家平时多看多练。

三、25 个实用的剪辑技巧

虽然说短视频的剪辑需要多看多练，但是要问在剪辑的时候有没有什么小技巧，那是肯定有的，在这里我为大家整理出了 25 个实用的小技巧。

闪白。在素材进行剪辑合成时，如果我们不用白帧叠化，而是在素材上调高伽马值和亮度，做出一个简单的动画来叠化，这样的画面才不会显得单调。

切。在素材合成的时候，用一到两帧的叠化来代替我们最常用的切，这样的过渡会显得更平滑一点。

画面色彩。我们的整体画面中最好不要有纯黑、纯白，就算是有黑色也要尽量采用暗红色或者蓝色来代替，这样才能使整体的色彩更为协调。如果感觉色彩不够明亮或者说达不到我们想要的亮度的话，大家尽量不要用整体调亮或者调暗的方式来处理，建议可以用增大亮部面积或者比例的办法来尝试，对于画面局部的调整来说，使用曲线工具更方便一些。

构图。在制作短视频的时候大家尽量不要用对称的方式来构图，除非说是想表达很严肃、很权威的场景。大家在构图的时候可以从素材的剪辑、衔接方面进行思考，不要过于执着一个画面的构图，那只是视频内容里展现出来的一部分而已，我们应该更全面地考虑整个动态、时间和空间都有所变化的立体式构图。

画面和声音。如果说是环境音的话，没必要和整个视频的画面严格对应。通常来说环境音可以先入后出，用视觉和听觉去感受，依据声音的波形图和画面，切开或错开一到两帧比较合适，没必要使波形图和剪切点完全一致。

色彩不要过于饱和。因为过于饱和容易看腻，最好的方法之一就是注意色彩层次的过渡，千万不要把注意力只放在色块上面。这才是正常的画面色彩。

颜色调整方面。要先调好色块的部分色彩，调出合适的过渡和明暗层次，千万不要过度调整，如果颜色的过度调整导致了整体画面质量的下降，那就宁可不调，因为画面质量是保证一个短视频作品的首要前提。

过度模糊或者僵硬的光效是不好的。要学会制作合理的光效，不要随便利用光效或者长时间的使用光效，要控制好光效的层次。

在制作三维动画的时候千万不要太过于规律和协调，适当打破节奏，中规中矩的画面会缺少一些冲击力。

对于一些变化不是很大的镜头，我们可以学会作假来破坏些规律性，比如可以用 mask 的功能来调整一些范围，虽然有时候可能会有些小的瑕疵，但是当镜头运动起来的时候，在整个成片里就会感觉很好，这里大家要学会取舍，没必要只看重一个镜头。

大家要学会把前后的镜头结合起来进行预览，调节的时候不能只通过单独的一个镜头来，一定要掌握好整体的感觉才行。

多看、多学、多借鉴，把别人优秀视频的一些剪辑方式和调色方案融入自己的理解，从而让作品得以升华。

保证素材合成的真实性，比如物理真实、心理真实和视觉真实。心理真实一般指的是我们没有看到过或者说没有视觉经验的一些镜头，比如星球爆炸，真实的一颗星球爆炸很可能跟我们在影片中看到的是不同的。但是对于这些我们没有真实经历的镜头，我们首先要强调的就是心理真实，运用一些合适的视觉经验，让大部分画面看上去真实就可以满足观看者的需求了。

一定要重视文字、图片和音乐等素材，平时遇见好的素材可以先收藏，不要等到要用的时候才去四处查找。

强烈节奏的剪切，在两段素材或者快速闪白的素材之中加入两到三段细节画面或者其他很强烈的偏色画面，可以形成一种强烈的节奏和视觉冲击。

在我们制作的影片中，有些时间需要很紧凑但是又无法省略一些镜头的时候，我们可以在不考虑动作是否连续的情况下，利用因果剪辑法来表现，例如一个人刚刚迈出一条腿，下一个镜头中他就已经站在门口了。

如果想要获得更好的效果，很多时候不是自动生成就可以达到的，这就需要我们借助优秀的技术和丰富的思维来进行手动调节，这样才能达到我们理想中的效果。

关于抠像，原素材起着至关重要的作用，目前抠像大多以绿色的背景为主。因为人体的颜色是不含有绿色这个元素的，同时蓝色的背景可以让抠像更加鲜明靓丽。

水墨效果可以在晕开的部分加上一点伽马值来破坏一点线性过渡，效果更好一些。

至于调色方面，大家不要参考任何显示器和监视器，最好的办法是在自己的系统上创建一张标准的 Pal 色卡，对着色卡来进行调整，当然，也需要结合自己眼睛的审美能力。

当我们在选择一个颜色的时候，大多可以通过遮罩，渲染一段，之后选出我们觉得最好看的那张，或者色相调节从 0 开始的数值变化，从这里面选出我们觉得最合适的色彩，这个时候往往第一印象很重要。

因为显示范围不是相同的，所以在后期制作中，安全框仅仅只能作为参考，我见过很多 16 比 9 的视频中可以看到安全框外的画面。

在使用黄色的时候大家一定要谨慎，因为黄色在终端屏幕上会呈现出脏和暗的感觉。虽然只是假象，但是会给观众造成审美瑕疵，建议在使用黄色的时候可以适当加入一点红，用橙色来代替会更合适。

景深及色彩，这两样在调整的时候很容易一不小心就调得过度了，导致画面偏向一种色调，乍一看没有太大问题，但是仔细看几遍就很容易视觉疲劳，因此要注意检查这个问题。

心态要调整好，在视频后期制作的时候，大家往往会遇到一些问题，这时候一定要把心态给调整好，多汲取经验和教训，多积累技巧和素材，没有捷径可走。

四、选对背景音乐很重要

我们平时在创作短视频的时候，要如何选择合适的背景音乐来为我们的作品锦上添花，让观众更喜欢我们的内容呢？不同类型的短视频所体现的主题思想和要表达的东西都是不同的，背景音乐自然也要有所不同。但是在选择背景音乐时有一个准则是值得我们遵循的，那就是背景音乐的风格一定要和我们短片的内容、感情等特性、调性一致，接下来我们就举例阐述一下如何选择合适的背景音乐。

1. 美食类短视频

美食类视频有一种慰藉内心的作用，观众很容易在作品内容中寻找到轻松、愉悦、心情舒畅的感受。所以，我们在制作美食类短视频的时候可以选择一些比较欢快、轻快、愉悦风格的音乐来作为背景音乐，比如纯音乐、爵士乐或者流行音乐都是可以的。当这些风格的音乐和我们的美食内容相融合后，不但能提升短视频整体地吸引力，还能让观众从中捕获到更多的生活细节。例如大咖“李子柒”的美食相关的视频中，基本上都是以旋律优美的轻音乐作为背景音乐，而且整体的背景音乐声音不会太大，恰到好处地与视频中的流水声、虫鸣声、烹饪声交织在一起，让人感觉整个画面非常和谐。而同样是做美食内容的“贫穷料理”这个账号和“李子柒”的调性就截然不同，这个账号背景音乐显得更加活泼，节奏感更加鲜明。因为其内容更偏向于搞怪和风趣，这种类型的音乐不但可以很好地起到点缀和衬托的作用，还能带动短视频的整体节奏。

2. 时尚美妆类短视频

这一类短视频总体来说都属于时尚元素十分明显的，其面对的受众也大多是年轻群体，所以一般在选择背景音乐的时候会选择一些节奏感强或轻快的音乐，如摇滚、电音、流行音乐等都可以。选择这一类音乐，我们可以紧跟潮流，从相关风格的音乐榜单中选择一些比较热门靠前的就行，这些音乐自带的时尚元素与短视频时尚的内容完美结合，能够给观众带来极大的节奏感和吸引力。

3. 旅行类短视频

这一类音乐在选择的时候，我们可以结合旅行中的景色的特点来进行调整。比如一些磅礴大气的建筑物可以用气势恢宏的背景音乐，比如浪漫的打卡地可以用流行音乐或者爵士音乐，而一些有历史气息的景色我们可以用古典音乐或者是民谣歌曲。

4. 剧情搞笑类短视频

搞笑类的短视频配上合适的背景音乐能够很好地推动剧情的发展，甚至还可以放大整个故事的反转或者喜剧效果。这类短视频我们通常会选取一些欢快、搞怪类的音乐作为背景音乐，比如常用的有《神经病之歌》《欢沁》等。

我们在短视频创作的时候使用背景音乐是为了让我们的作品内容更加饱满且富有记忆点，如果我们用了不合适的音乐会让观众觉得很突兀。所以，建议大家平时在刷别人短视频的时候，如果遇到好听的背景音乐建议可以先收藏起来，等到自己要用的时候就能从中选出合适的音乐作为背景音乐了。

五、剪辑软件的 PK 成为短视频的第二战场

如同在图文时代，微信公众号可以通过秀米或者 135 等软件来进行编辑，在短视频时代，抖音、快手和 bilibili 平台上各种炫酷优美的视频也离不开剪辑软件。随着抖音推出剪映，快手推出快影，B 站推出必剪等，各大短视频平台都推出了自己的剪辑软件，开启了短视频领域的第二战场，那么这三款剪辑软件各自有哪些特点呢？在这个战场的背后是怎么样的排兵布阵呢？

1. 视频剪辑软件栏目对比

无论是剪映还是快影和必剪，他们在栏目的设置上都有共通之处，主要有创作剪辑、热门模板、创作指导以及互动消息、个人中心五大板块。

表 8－1

栏目分类	剪映 （栏目名称）	快影 （栏目名称）	必剪 （栏目名称）
创作剪辑类	剪辑	创作	创作
热门模板类	剪同款	模板	/
创作指导类	创作学院	上热门	教程
互动消息类	消息	/	/
个人中心类	我的	我的	我的

这里面只有抖音平台的剪映有互动消息类的栏目，可以通过这个栏目来记录官方的信息、收到的评论、点赞、粉丝的互动数据，从而增加整个社区的互动氛围。另外，必剪里面没有设置热门模板类的栏目，目前只有素材中心、贴纸等素材。模板的作用就是方便创作者，可以直接用自己的

照片或者视频把模板里的内容替换掉就行了，操作简单快捷，热门模板类的栏目就是为了方便用户，降低创作的门槛，从而掀起创作者的跟风热潮。但是B站平台的内容很多都是有原创版权的，这方面也需要考虑到。

2. 剪辑软件的功能对比

这几款剪辑软件的功能大致可以分为四大类：

一是基础剪辑（例如剪切、删除、裁剪、倒放等）。

二是视频加工（例如蒙版、画中画、特效、滤镜等）。

三是画质调节（例如亮度、锐化、色温、色调等）。

四是音频加工（例如插入音乐、音效、语音转换文字、配音等）。

这样一对比，我们就可以一目了然，剪映和快影实际上功能都相差不多，但必剪却没有画质调节的功能，没有办法来调节视频的亮度、色温、色调、对比度等效果。

表8－2 剪辑软件对比表

类别	功能	剪映	快影	必剪
基础剪辑	分割	√	√	√
	变速	√	√	√
	背景	√	√	√
	比例	√	√	√
	删除	√	√	√
	裁剪	√	√	
	替换	√	√	
	旋转	√	√	√
	倒放	√	√	√
	镜像	√		
	复制	√	√	√
	变焦			√
	排序			√

续　表

类别	功能	剪映	快影	必剪
视频加工	贴纸	√	√	√
	魔法表情		√	
	滤镜	√	√	√
	特效	√	√	√
	美颜	√	√	
	蒙版	√	√	√
	动画	√	√	
	画中画	√	√	√
	定格	√	√	√
	文字	√	√	√
画质调节	亮度	√	√	
	对比度	√	√	
	饱和度	√	√	
	不透明度	√		
	锐化	√	√	
	高光	√	√	
	阴影	√	√	
	色温	√	√	
	色调	√	√	
	褪色	√	√	
	暗角	√	√	
	颗粒	√	√	
	色度抠图	√	√	

续　表

类别	功能	剪映	快影	必剪
音频加工	音量	√	√	√
	降噪	√	√	
	关闭原声	√	√	√
	变声	√	√	√
	音乐	√	√	√
	提取音乐	√	√	√
	录音	√	√	√
	音效	√	√	√
	语音转文字	√	√	√

和抖音、快手短视频平台不同的是，B 站大部分视频都是动漫、游戏、知识、番剧等相关内容，而生产内容的创作者大多都倾向于使用更专业的视频剪辑软件，如 Premier、Eduius 等。虽然说必剪可以给创作者在手机上创作提供便利，但是大多数的创作者还是更习惯在电脑上用专业软件进行剪辑。其中主要的原因是因为 B 站的中长视频作品很大，大文件在手机上剪辑比较难操作，还有就是手机上的素材有限，而电脑端可以轻松获得更多素材。必剪主要是和电脑端形成互补，为移动端提供补充。但是必剪增加了录屏的功能，这对大部分创作者来说就特别实用。

剪映和快影功能相对比较完善，而必剪相对功能较少一些，特别是没有画质调节的功能，不过其增加的录屏功能能够更好地满足 B 站平台的创作者的需求。

3. 剪辑软件功能迭代

从三款软件不断升级优化上我们可以看出，抖音平台的剪映更注重剪同款的功能，快手平台的快影更注重剪辑功能的优化，而 B 站的必剪则更注重完善音频功能。

在剪映升级迭代中，针对剪同款的功能做了很多升级，比如说特效跟拍、音量调节、按时间长短来筛选模板等。同时还推出了推荐专题以及不断优化热门模板的推荐规则，还可以让用户标记不感兴趣，从而得到更精准的推荐。

表 8－3　剪映软件更新情况表

版本	更新的功能	更新的时间
2. 8. 1	新增视频动画分类 优化一些剪同款体验	2020 年 3 月 19 日
2. 9. 0	剪同款拍摄升级	2020 年 4 月 3 日
3. 0. 0	画面特效支持叠加 支持高分辨率高帧率导出 剪同款支持带特效跟拍	2020 年 4 月 23 日
3. 1. 0	剪同款增加热搜推荐 剪同款增加关注 tab 支持主动清理缓存	2020 年 5 月 7 日
3. 2. 0	剪辑工具支持色度抠图	2020 年 5 月 20 日
3. 3. 0	支持相册导入页提前裁剪 剪同款搜索体验优化	2020 年 6 月 6 日
3. 4. 0	剪同款体验优化 剪同款拍摄升级	2020 年 6 月 16 日
3. 5. 0	剪同款支持音量调节 优化性能，编辑更流畅	2020 年 7 月 2 日
3. 6. 0	上线关键帧功能 支持更多画布比例 剪同款按时长和片段搜索	2020 年 7 月 25 日
3. 7. 0	iPad 版适配 一键分享到西瓜视频 优化模板搜索能力 优化性能，编辑更流畅	2020 年 8 月 7 日

续　表

版本	更新的功能	更新的时间
3. 8. 0	文本朗读新增音色 模板新增推荐专题	2020年8月19日
3. 9. 0	创作学院上线 关键帧全新升级 模板支持不感兴趣	2020年9月5日
4. 0. 0	上线拍摄能力 草稿支持云端储存 上线更多滤镜 优化搜索体验	2020年9月17日
4. 1. 0	美颜能力升级 剪同款新增道具 文体新增粗体、斜体等 支持音乐搜索 创作学院优化	2020年9月30日

快手平台的快影则是在不断对视频剪辑功能进行优化，例如关键帧、画中画、动画等，增加了一些剪映也拥有的功能。

表8－4　快影软件更新情况表

版本	更新的功能	更新的时间
5. 1. 2	新增智能配音 新增蒙版功能 新增关键帧功能 性能的持续优化	2020年5月31日
5. 3. 020	少量素材也可以玩遍模板 性能的持续优化	2020年6月8日
5. 4. 020	新增音频支持头尾裁剪 音乐轴支持拖动整体音乐 新增音乐剪辑等功能 新增剪辑画面缩放功能	2020年6月18日

续　表

版本	更新的功能	更新的时间
5. 5. 020	模板页增加推荐功能 分享模板到快手 可二次剪辑、美化、配乐等	2020 年 6 月 29 日
5. 6. 050	新增贴纸动画功能 画中画新增动画功能	2020 年 7 月 8 日
5. 8. 070	增加视频替换功能 转场针对素材优化 新增多种花字样式 性能的持续优化	2020 年 8 月 24 日
5. 14. 090	新增实验室功能 导出时长延长至 15 分钟 新增色度抠图、裁剪功能 修复模板搜索相关问题	2020 年 8 月 28 日
5. 17. 191	新增画中画层级功能 新增音乐变速功能 新增特效 特效能力优化	2020 年 9 月 24 日

而必剪更注重音频制作方面的功能，例如音效功能、踩点功能、语音转文字功能、录音题词功能等，主要是为了满足创作者对于游戏和二次元方面内容的配音需求。

表 8－5　必剪软件更新情况表

版本	更新的功能	更新的时间
1. 0. 2	音效功能上线 支持音乐收藏	2020 年 8 月 3 日
1. 1. 0	支持语音转文字 画中画功能上线 优化用户体验	2020 年 8 月 17 日
1. 2. 0	支持添加花字 语音转文字批量编辑功能 画中画体验优化	2020 年 8 月 31 日

续 表

版本	更新的功能	更新的时间
1. 3. 0	音乐踩点功能上线 免流卡下载部分素材免流 优化用户体验	2020 年 9 月 13 日
1. 4. 0	录音提词功能上线 支持批量粗剪 画中画模式升级	2020 年 9 月 25 日

从这三款剪辑软件对比中，我们就可以看出抖音平台、快手平台以及 B 站平台在视频剪辑领域的不同定位。抖音注重热门模板，鼓励跟风创作；快手注重基础剪辑，降低剪辑门槛，鼓励全民参与；B 站注重音频功能，满足创作者需求。

4. 商业推广的区别

从苹果的应用商店的排名来看，剪映在“摄影与录像”的分类中排第 2 名，快影排第 22 名，必剪排在第 112 名，剪映明显更受用户欢迎。剪映的评分是4. 9分、快手5. 0分、必剪4. 2分。快手平台其实很早以前就开始在布局剪辑领域，早在 2017 年的时候，快手就推出了快影，但是直到抖音的剪映上线，快影也一直处于不温不火的状态。2019 年 5 月，抖音上线了剪映，但是从 5 月份上线一直到 8 月份，剪映的下载量也不太乐观，直到 8 月 18 日剪映更新了版本之后亮出自己是抖音官方的剪辑软件才有所好转，单日最高的下载量已经突破了 33 万次。创作者可以在剪映中直接把视频发布到抖音平台，并且携带剪映的 LOGO，让剪映获得了更多曝光。而到了 2020 年的 7 月，B 站才上线了必剪，必剪并没有标明自己是 B 站的剪辑软件，所以评分的人数并不多。

剪辑软件的商业捆绑除了标明自己是某视频平台的官方剪辑软件获得流量扶持以外，这三个软件的商业捆绑还有以下四种。

第一种是一键分享，用剪映制作的作品可以一键分享到抖音平台和西瓜视频，必剪的作品可以一键分享到哔哩哔哩，但是需要填写分区、标题和类型等。相比之下，快影更为开放，不但可以一键分享到自己的快手平台，还可以分享给微信好友、朋友圈、抖音、QQ 等其他社交平台。

第二种是片尾联名定板，用过这三款剪辑软件的朋友应该知道，剪辑完的作品片尾都会带有“剪映×抖音”“快影×快手”等定板的字样，这样可以大大增加剪辑软件的曝光机会，但是 B 站没有这样的片尾定板。

第三种是官方话题的推广，比如说剪映，剪映就在抖音平台上开通了自己的官方账号，时常在抖音平台上发起话题，比如“一键剪同款”“剪出我假期的 vlog”等，其中有几个话题的播放量上亿，可见抖音给剪映带来了强大的流量推荐。

第四种是明星流量导入，和短视频平台一样，剪映作为一个剪辑软件也邀请了明星入驻，欧阳娜娜就入驻成为第一个“明星创作人”，明星入驻到剪辑软件可以带来巨大的流量。

那么，为什么抖音平台、快手平台以及 B 站要推出自己的剪辑软件呢？这就要思考剪辑工具对短视频平台的战略意义了。一是可以扩大创作者的用户量，短视频最需要的就是不断地创作，而简单易懂的剪辑软件可以让更多的“小白”玩家在没有剪辑能力和创意能力的情况下，也能直接套用模板，直接对口型做出和热门视频一样炫酷的作品，这就调动了“小白”的创作热情和积极性，从而吸引到更多的边缘创作者。二是进军竖屏短视频的领域，抖音和快手本身就是短视频领域的佼佼者，但 B 站这类以长视频为主的平台也希望能在短视频的领域里分得一块蛋糕，所以说推出自己的剪辑工具是为了对产品矩阵的进行补充。

剪映也好，快影也好，必剪也好，这些视频剪辑工具的出现对用户来说肯定是一件好事，最重要的是大家要看清，这些剪辑软件之间的竞争并不是重要的，重要的是这些剪辑软件背后的平台在短视频领域的竞争。

玩转短视频我能做什么？

一、如何打造个人 IP？

在当今的 5G 时代，曾经那些精彩的图文内容全部都会以视频的形式再重新演绎一遍。打造个人 IP 将成为每个行业的刚需，个体崛起的风口马上就要到来了，我们将颠覆传统的雇佣模式，进入一个人或者几个人就能做到年营业额上亿的超职场时代。

实际上所谓的个人 IP 并非什么摸不着看不见虚无缥缈的概念，你的一言一行、生活习惯、兴趣爱好、个性特征，都是个人 IP。一个有个人 IP 的人必定会比没有个人 IP 的人更能创造价值，更具有影响力。比如说大家都是打工人，你每个月可能只有 5000 块钱的工资，但是“打工皇帝”唐俊的 CEO 转让费就高达数十亿元，包括 papi 酱获得千万投资，罗辑思维账号估值十几亿等，都是由 IP 带来的额外价值。

很多人在打造个人 IP 的时候会遇到很多问题，比如不清楚什么样的 IP 才能受到用户的喜欢？自己擅长的垂直领域已经有很大的 IP 了，自己要如何竞争突围？怎么样才能实现病毒式快速涨粉？怎么样利用短视频平台打造个人 IP，并最终实现精准引流？面对这些问题，我们要如何着手呢？第一步要确定我们的个人 IP 给别人的标签。

一是领域定位。根据自己所擅长的领域优势来吸引粉丝，并想清楚未来的变现方式。

二是人设定位。你的性格是什么，职业是什么，特点是什么，兴趣爱好是什么等，先把自己的人设拟定好，并保持呈现给大家的人设不变。

三是展现定位。考虑清楚自己的短视频内容以什么样的类型去表现，剧情类的、模仿类的还是真人出镜口播类的等。

四是内容定位。在确定好人设和视频类型之后，内容方面我们也要做好定位，是做让人心动的内容还是有学习价值的内容等。

做完以上几点之后，我们就要通过短视频反复给用户加深印象，久而久之用户就会给你贴上你想要的标签了。那么接下来我们要如何具体地去打造一个有辨识度的个人 IP 呢？首先我们再来明确一下 IP 是什么，IP 就是符号，是别人对你的第一印象，是别人对你的认知，就好比李子柒等于优美的美食达人，言真夫妇等于包租夫妇，疯狂小杨哥等于搞笑的一家人等。如果还不知道自己适合做什么 IP 的话，我可以给大家推荐四种类型。

1. 故事型

即剧情类，可以是正能量的、幽默搞笑的、日常生活的、情感之类的，通过表演的形式来传达我们的情感和想树立的形象。

2. 产品型

围绕一些用户们喜欢的产品，延伸出趋同情感和相应的消费。

3. 创始人型

在个性化消费的时代，消费者购买产品的时候希望产品和他的个人价值观以及品位相符合。

4. 知识型

在某一个领域持续地输出原创内容，传播个人的独到见解或者经验，并形成一定的影响力。

想要打造出网红的个人 IP，首要的就是编辑好自己的人物设定，即我们所展示给用户的形象，包括外在形象和内涵特征。接下来我们就要对我们拟定的人设进行强化，包括视觉强化和人格强化。

视觉强化

一是头像。短视频平台的观众除了关注视频本身的内容外，第一眼看到的就是你的头像，一个合适的头像可以帮助强化 IP 人设，最好是根据自己的领域和定位来精准设置，图片最佳的尺寸为 800×800。

二是顶部图片。顶部图片就是我们主页里最上方的背景图片，这是我们仅有的信息露出的位置之一，这张图片如果用得好，可以帮助粉丝快速增长。

三是短视频内容里主要人物的造型也一定要固化下来，加深粉丝们的记忆点。发型、服装上的固化能够在一定程度上强化人设，比如电影《功夫》里的包租婆、大咖毒角秀、动漫《蜡笔小新》，听到这些，大家是不是脑海里立刻就出现了他们的样子，包括服装、打扮等。

四是封面。每一期视频的封面要根据内容来进行选取，也就是说封面要和这一期的视频内容有紧密的关联性，而所有的封面都建议统一风格调性，从色调、字体、样式等各方面高度统一，可以大大的提升粉丝对账号内容质量的认可。

人格强化

广告语（Slogan）。一条好的广告语能够在短时间内提高粉丝对我们 IP 文化的认知，我们可以从账号的领域、人物的特点、能够给粉丝提供的服务等方面进行浓缩提炼。

标签。标签可以辅助 IP 人设的强化，让人设更丰满，更容易让用户精准地发现你、找到你、关注你。

在日常的视频内容中，我们也可以设计一些自己独特的动作，或者独有的背景音乐，或者独有的道具，并且持续在每一期视频内容都有所体现，这也是强化人设、加深粉丝记忆点的方式。

穿衣风格和人设相匹配也是比较重要的，如果没有规律随心所欲地变化穿衣风格，不利于粉丝识别，所以最好是固定的穿衣风格，能加深粉丝的印象。

保持固定的语言风格，跟其他创作者表达的方式不同也能形成自己人设的独特性，比如朱一旦慢条斯理地强调或者毛毛姐的贵州方言。

想要打造出自己的个人 IP，其核心就在于固定好自己的风格之后，不断地重复，对粉丝进行反复触达。

二、如何打造企业账号？

越来越多的品牌开始选择短视频营销，但是必须要针对短视频账号体现专业化运营，才能达到转化的目的，而在短视频平台打造好一个企业账号的第一步同样是定位。准确、清晰的定位才能让短视频营销起到事半功倍的作用，如果没有一个明确的定位，只是盲目地开始做运营，显然是不理智的。针对企业账号来说，定位包括内容定位和用户定位。

1. 内容定位

你的短视频想要做什么样的内容，你想给观众呈现哪个领域或者什么行业的风貌，这些内容都决定了题材的大方向。大家刚开始做的时候可能都会犯同样一个错误，那就是觉得什么题材火就做什么，这样跟着别人走，做一些自己不擅长的内容肯定是走不远的，并且也失去了明确的定位。所以，在我们做内容定位的时候切记不要盲目跟风，别人做火了是因为别人擅长这个领域，你既不擅长又没有别人的资源多，就没必要去跟风模仿了。选择自己拿手的且资源丰富的领域来做内容才是简单有效的方式，只有在自己最熟悉的领域才能让你的内容持续输出，不至于做了一两条短视频后就没有素材可以用了。

2. 用户定位

在制作短视频之前，我们要思考清楚，我们的视频是做给谁看的，换而言之，我们希望什么样的群体在看我们的短视频。这里的群体可以指看视频的观众，也可以指我们的潜在客户。内容定位和用户定位是相辅相成的，两者密不可分，只有清晰的内容定位和明确的用户定位才能合力打造短视频的传播和影响力度。

人设塑造

企业短视频账号和个人 IP 一样，都需要有自己的人设，我们在做企业账号的人设时，要如何让复杂的事情变得简单，让账号的人设成为观众喜欢的人设呢？

首先是要有简练、直接的自我介绍。如果说一个用户进入了你短视频账号的主页，那么他多半是通过你的某一个热门视频被吸引进来的，他进来无非就是想看看这个账号打造的内容是不是其喜欢的类型，有没有关注这个账号的价值。这个时候我们账号里的简介就起到了第一印象的作用，能够快速地让进入主页的用户了解我们账号是做什么的，我们做什么内容的视频，我们有什么优势，我们能够给粉丝带来什么，等等。

其次是我们的封面，如果我们有高度统一的视频封面图片，那么进入我们主页的用户很难不被吸引到。这些区域的封面就好比我们的外貌，给人第一的印象好不好看、整不整洁、有没有瑕疵，这都有可能决定点击进来的人是否会选择关注我们。视频封面的统一不仅充满视觉张力，还会提升我们账号给粉丝的可信度。

接着就是视频的内容，我们在做视频内容策划的时候一定不要急功近利，不要感觉别人拍什么火了，我们就必须要跟风，最终导致账号的调性与风格乱七八糟。我们在策划一个短视频的内容的时候，一定要谨慎思考这个内容和我们拟定的人设到底符不符合，企业账号不应该只单纯地追求热门，而是要作为一个宣传窗口，给粉丝或者消费者一种优质、稳定地感觉。所以，我们在做内容的时候，首要的就是要符合人设，满足了这个基础，我们才能在风格或者创意上融入其他元素。

然后就是我们的互动，短视频平台创作者和用户之间的互动分为私信互动、视频内容互动、直播互动和评论互动。在与用户互动的过程中，我们的一言一行也要符合账号的人设，不然会让用户感到错愕，导致取消关注。

1. 私信互动

大部分主动给企业号发私信的用户一般都是想了解跟产品或者品牌相关的事情，比如产品价格、质量和型号等。针对这一类的私信，我们账号的运营人在互动的时候除了要符合人设外，还要显得专业和权威。

2. 视频内容互动

视频内容互动通俗来说就是通过粉丝的评论或者私信的建议或者意

见，在不改变账号人设的基础上，优化作品的内容，或者通过视频内容的形式对其提出的问题进行回应。

3. 直播互动

在企业账号的运营者，或者企业吉祥物、领导、员工通过这个账号开直播的时候，实时与观众进行互动交流，但是同样要保证账号的人设不偏离。

4. 评论互动

主动回复观众在我们视频内容下的评论是十分重要的环节，如果我们用心回复的评论被广大网友点赞成为热评的话，还会对视频内容的传播起到增强作用。在评论的时候要用我们账号人设的口吻来进行交流，可以适当的幽默一点、俏皮一点。

三、短视频盈利的方式有哪些？

抖音平台的火爆加速把短视频行业推上风口，争相涌入短视频平台的互联网企业也日益增多，各类新媒体人更是闻风而动，目光都看向了短视频行业，许多创业者、宝妈、上班族、大学生等也纷纷涌入，想要通过短视频行业赚取更多财富，但是在进入这个行业之前大家明白短视频平台是如何盈利的吗？

短视频运营属于新媒体或互联网运营的分支，即利用抖音、西瓜、火山、快手、微视等短视频平台对产品或者品牌进行宣传推广和企业营销等活动。通过策划制作与品牌或者产品相关的优质视频内容，向客户或者潜在的客户进行精准推送，打造知名度，积累粉丝，从而利用粉丝经济达到最终的商业目的。

1. 广告变现

短视频行业的盈利方式有多种，而广告是必不可少的方式之一，广告费用一直都是互联网或者传媒行业的主要收入来源之一，目前来说短视频平台广告的形式主要分为三种，即植入广告、贴片广告和流量广告。

植入广告就是把产品或者品牌通过隐形手段与视频内容相融合，让观众在看短视频内容的时候把广告信息也接收了，这种方式会减少很多观众的抵触情绪，例如在短视频中女朋友生病了，男朋友送来一盒某某牌子的药，这里送的药就可以植入某些品牌；贴片广告以前置贴片与后置贴片两种表现形式为主，在当今巨量的短视频内容中，贴片的广告位可以说比你预想的还要多，这对于短视频平台、创业者、广告主来说都是一件好事；流量广告在目前为止应用得最为广泛，把需要宣传的内容以短视频的形式展示给用户，依靠短视频平台自身的推动，将广告信息持续地、精准地在潜在客户面前曝光。由于观众可以在刷短视频的时候把流量广告直接刷掉，所以在投放流量广告的时候一定要进行精准投放，让可能感兴趣的这个群体看到广告才能发挥其最大的效果。

2. 带货变现

随着用户习惯的变化，短视频平台快速发展，如今视频消费已经是广大用户最热衷的消费方式，这也让互联网电商们看准了风口，纷纷转向短视频平台开展电商运营。目前可以通过短视频平台的橱窗功能、视频内插入购物链接等方式跳转到京东或者淘宝进行交易，同时也可以在抖音上开通自己的小店，直接在平台的内部进行交易，形成一个营销闭环。

带货变现也是一个很重要的变现模式，在未来，短视频的带货模式将与其他平台电商以及社交电商共同瓜分市场。目前短视频平台的门槛一再降低就是为了鼓励大量的创作者通过带货来实现盈利，创作者在后台就可以直接申请橱窗和购物车的功能，但是很多人会问没有货源怎么办？其实非常简单，可以直接挂上淘宝的产品，通过你的账号销售出去之后就能从商家那里获取佣金，这非常适合新手变现。另外比如抖音短视频平台上面还有精选联盟，同样也是帮助商家做推广，然后赚取佣金。

短视频平台的兴起，对于微商的事业也起到了推波助澜的作用，有流量的地方就会有微商，所以大家经常看到很多抖音账号都在往自己的微信上导流，想把抖音的公域流量转化成自己的私域流量，然后做自己的生意。

3. 直播变现

直播变现是最简单的变现方式，只需要靠观众打赏的礼物就可以提现了，除了靠礼物打赏以外还可以通过直播直接销售产品，或者做其他方面的引流。

4. 知识变现

分享专业知识，积累粉丝，然后出售相关的课程或者借助培训服务来赚钱，也可以通过咨询服务或者解答别人的一些问题来收费变现。还有一些有自己专业技能的人，比如健身教练，他们会通过把粉丝导流到微信，然后通过付费社群，或者线上线下培训来进行收费。有的人用时间去换钱，也就理所当然会有人用钱去买时间，所以当你摸索明白之后，变现就是水到渠成的事情，很多有才的人还不知道如何变现，知识付费的方式就是最好的选择。

5. 引流线下变现

把我们在短视频平台的流量引流到线下门店，比如做餐饮的或者做婚纱的账号，这类账号就可以通过短视频来增加实体店的客流量，所以这类创作者在发布视频的时候一定要注意定位，定位精确之后平台才会优先把这条视频推送给你附近的用户。

四、快速吸粉的小妙招

短视频平台上速成的技巧和最厉害的方式大多都是建立在最基础的操作上。比如说如何快速地吸引粉丝，往往就会有人为了吸粉而吸粉，去做一些得不偿失的事情，甚至被封禁账号。想要快速吸粉，首先要把我们的基础工作做好。

1. 完善资料

把自己的账号“装修”得好看一些，昵称取得特别一点，能够让人觉得新鲜，印象深刻，简介要简单易懂但又不俗。其次就是头像，一定要给人舒服的感觉，这些我们在前面已经讲过了。只有资料完善之后，才更容易涨粉。

2. 用内容吸粉

不论在哪个短视频平台，优质的内容永远是受到欢迎的，什么样的内容才是优质内容呢？首先就是在平台的规则范围内，是平台允许的，然后是用户喜欢的内容，能够迎合观众的喜好。有了优质的内容，自然就有了流量，有了流量，自然就有了粉丝。

3. 评论区吸粉

大家在玩短视频的时候可以用大小号来打配合，大号在发布了视频之后，用几个小号为视频点赞评论，然后还可以找到一些跟自己同领域的粉丝比较多的账号，去别人的视频下面评论。当然，这里可不是随随便便地评论，而是留下引流的话术，把别人的粉丝引导到我们自己的账号里去。

4. 用其他社交平台吸粉

大家可以通过其他的社交平台，比如 QQ，我们通过关键词搜索加入一些与我们相关的 QQ 群里，把自己在群里的昵称修改成有引流性质的名称，然后经常在群里说话，引导其他人关注自己的短视频账号，微信群也是同样的玩法。也可以把自己在短视频平台发布的视频内容转发到朋友圈、QQ 空间等地方，如果别人看了觉得喜欢的话，自然会通过链接或者视频上的信息找到你并关注你的账号。

5. 音乐平台吸粉

比如说抖音短视频平台，就跟音乐有很大的关系，具有很强的音乐基因。所以，我们可以到一些不错的音乐平台去吸引粉丝，比如酷狗、QQ 音乐、网易云等流量比较大的音乐平台，方式还是一样，让自己的昵称、头像、简介带有引流性质，然后去评论互动。

6. 微博吸粉

微博的流量也是十分强大的，特别是每天都有不同的热门话题，我们同样可以在设置好自己的资料后去评论互动，引导别人关注我们的短视频账号。

7. 互粉

互粉是最简单最直接的，但是我个人并不推荐这种形式，如果你只是个人账号，只想娱乐娱乐，那还没有关系，如果你想后期成长为大号，那建议就别用这种方式了。

短视频相关的各类干货分享

一、短视频运营中的五个数据很重要

在抖音短视频运营过程中，数据分析是相当重要的环节，这里跟大家聊几个很基本但是十分重要的数据概念，希望在大家运营的过程中能有所帮助。

1. 最基础的播放量能让我们得到什么？

大家应该都知道了基础的几个关键数据：播放量、点赞量、评论量、转发量、收藏量。其中播放量是基础中的基础，播放量也是体现一个短视频作品好坏的重要指标之一。比如说在腾讯视频、爱奇艺这些大的渠道，其最重要的指标就是播放量，页面上也几乎没有什么评论、点赞量显示的入口，这些经典的视频平台也几乎没有转发收藏的入口，只显示播放量和少量的评论，而点赞和点“踩”的数量也几乎可以忽略不计，那么这些渠道想要分析的话单看播放量就足够了。

但在一些短视频平台上，我们除了关注播放量之外，可能还需要看点赞量，而微博的话还要看转发量和评论量。总之，想分析不同的渠道，就要找到这个渠道的关键数据，不然得到的结论是没有意义的。

2. 由关键数据得到关键比率

其实除了数据，我们还可以对数据做一些处理然后再进行分析。这里就要提到几个概念，就是要通过播放量的基础分析，对其他四个数据进行一些处理，然后得出四个比率——点赞率、评论率、收藏率、转发率。简单来说就是用这四个量分别除以播放量而得到的比率。

同一短视频账号发布出来的作品的播放量有时候相差几十倍，比如有的作品有上百万的播放量，而有的作品只有一两万的播放量，数据量是有变化的，但稳定的是相除得到的比率。我们正是通过这种方式求得比率，让播放量不同的视频也有了可比性，所以这几个比率也是我们运营中相当重要的数据指标。

如何分析这些比率呢？

用今日头条来举例，今日头条为创作者提供的数据是最全面的，就像前面我们提到的，爱奇艺之类的大渠道没有收藏和转发这些数据，但是今日头条全部都有，数据越多，我们就越容易分析得到一些可靠的结论。

下面我们通过两个案例来进行分析。

账号“夏厨 SK”的播放量很稳定，几乎都在三万左右，稍微好一点的能达到五万，差一点的只有几千或者一万。抛开几百播放量的作品，这个账号的收藏率偏高，最低 3%多一些，最高的能达到 14%。

而账号“贫困生活料理”的播放量普遍在两万左右，但是最高的达到了 19 万，其中播放量最高的视频的收藏率是 6%。

这里就体现出了这些比率的意义，虽然播放量相差很多，但是比率是可以拿来做对比的。

为什么要拿这两个账号来做收藏率的对比呢？这两个 IP 都是做美食类

教学的，但是剪辑方式不太一样，这就从数据上产生了差异。

“夏厨 SK”是一个人制作美食教程的形式，整个制作过程拍得很精美，剪辑也很好看，再加上有萌宠，这样的视频能够让大家清晰易懂，观众看完之后觉得有用就会进行收藏，等以后需要用到的时候再找出来看，所以收藏率就相对较高。因此，一个作为教程的视频做得好不好，其收藏率高不高，就可以作为一个评判标准。那为什么“贫困生活料理”这个账号的播放量还可以，但是收藏率却很低呢？首先来说，这个播放量对于一个新账号来说还是很不错的，但是他做的不是教程视频，所以收藏率低是比较正常的，虽然这个账号作品的收藏率不是很高，但是他有 4. 6%的转发率，这就是一个很有趣的数据现象。

转发率的意义是什么呢？转发就是分享的行为，这项数据在今日头条上的意义没有那么大，在微博这类渠道的话更有意义。但是微博这个渠道又比较特殊，因为大家都对转发量有很统一的概念，比如说转发过千、过万，这就算转发量很高了，所以说微博这个渠道是看数量而不是看比率的。微博本身是一个注重粉丝运营的渠道，简单来说就是你的粉丝越多，你发布的内容就会有更多的人转发，从而又会带来更多的新粉丝，那么我们要分析微博里的视频，又该如何去优化呢？首先我们可以看微博里发出的视频得到的评论反馈，其次还可以看通过这个视频涨了多少粉丝，转发量有多少。其实还可以看的一项数据就是点赞量，但是点赞量又只能判定这条视频有多少人喜欢，这个渠道就不太适合分析点赞率，那点赞率在哪些渠道能对运营产生意义呢？

类似于美拍、秒拍这一类的渠道就会十分重视点赞率，点赞率也更适合这些平台的视频互相对比。通过对许多账号的观察，得出的结论是这个渠道的点赞率比较稳定，小号可能会低至 1%，但是一些大号平均都在 4%左右，所以这个渠道的点赞量数据可以是一个视频作品好坏的重要判断依据。

3. 通过数据我们能看到什么？

首先为大家总结一下，基础数据包含播放量、点赞量、评论量、转发量及收藏量，为了让播放量相差太大的视频之间有可比性，我们就要用这些量来除以播放量得到比率。

关于播放量我们通过统计可以看到一些简单的问题，例如说作品标题的长度，以及什么样的选题比较好等，都可以通过我们作品的播放量去分析对比。

而比率用来对比账号之间的数据，通过这个对比得出的结论完全可以用来优化我们的作品内容，用自己的作品数据和别人优秀的作品数据进行比较，也就知道自己的作品哪些地方需要改进了。

总之，在我们运营短视频的过程中，数据分析是十分重要的环节，我们要通过数据去看背后的现象，从而提升我们的视频质量。

二、如何取一个不错的标题？

关于取标题的一些方式方法，我们在前面的章节中也提到过，比如标题的字数、标题的敏感词等，这些其实都只是标题中的一些小因素。在这节内容里，主要是想和大家分享一些取标题的经验和体会。

其实标题在不同的平台上发挥的作用也是不同的，从标题的角度，我们可以把他们分为推荐平台、视频平台和粉丝平台。标题在推荐平台中对作品的影响是最大的，粉丝平台则是把用户的转发和点击放在首位，视频平台主要是靠推荐，所以这里和大家主要说说推荐平台取标题的思路。

1. 可以引起用户行为的标题

标题往往可以引发用户的很多种行为，比如点击播放、评论、点赞等。

例如标题“中国人最喜欢吃的五种美食，你最爱哪种”，这里的“你”就是指正在看视频的“我们”，这类疑问句的标题可以大大提升观看者对作品评论的欲望。像生活类的作品大多都会在标题中说明用途和数量，例如“厨房灭蟑螂，什么方法又快又有效”，观众可能就会因为没有用过视频里说的某种方法而选择收藏视频。

再来看看这两个标题，“三种剥大蒜皮的方法，最后一个只需三秒”“还在一点点撕大蒜皮？这三种技巧可以帮到您”，前面的标题可以引导观众一直看到最后，这就提高了短视频的完播率，而完播率在推荐平台是得到推荐的一个重要指标。

我们在取标题之前要先思考几个维度：首先是我们视频的长度，如果我们的视频时间比较短，那么完播率是我们的重点；如果我们是生活技巧类账号做了一个视频内容，讲的是水果的几种吃法，那么我们的重点就可以变为收藏量，标题就应该往这个点来靠。

2. 标题的立意

找到了主方向之后，接下来我们就要确定我们标题的立意，也就是抓住观众的痛点，不论是美食类、生活类还是搞笑类的短视频，我们每一个作品都应该要解决用户的一个问题，大家按照这个思路去观察观察。

这段时间天气十分炎热，比如说我们想做一期主要讲如何降温的短视频，那么我们的立意就是“夏天降温方法的对比”，好比说降温喷雾、降温贴、降温衣等，但是我们通过搜索引擎搜降温这个关键词后才发现，网民们更多的是关注一些小孩子发烧降温的方法，以及手机如何降温的方法。夏天如何给手机降温这个搜索结果排得这么靠前是之前我们没有想到的，但是我们在内容里没有说明手机能不能用降温贴来降温，所以很可惜不能把这些体现到标题中。所以我给大家的建议是在视频策划的时候取标题可以同时进行，如果之前我们把手机如何降温的这个内容考虑进去了，就可以加入标题里了，这样也许还能得到更多的播放量和推荐。

大家想要找到用户的痛点，除了通过搜索引擎之外还可以到类似今日头条这样的平台的搜索栏中搜索关键词，通过关键词显示出来的长尾词都是日常大家都在搜索的热门词。其实除了痛点之外还有猎奇点，观众没有听过、没有见过或者说是颠覆其原本的思维的标题，这也是十分有效的取标题的方式。

还有一个立意点就是找到用户情绪的共鸣点，让大家有代入感，感同身受，类似吐槽之类的视频，就说出了很多人的心声，能够引起共鸣。而鸡汤类的视频也可以引起有类似经历的人的共鸣，还有就是和地域相关的，比如说“东北人不能不知道的几件事”。

3. 标题的句式

当前面两步我们都完成了以后，第三步就是我们标题的句式要确定。目前的句式不论是两段式还是三段式，首先第一段必须要求句式完整且通顺，后面的部分用来解释前面。例如，“西瓜的三种吃法，你绝对没见过，有一种一试就会爱上”“三种方法教你快速叠衣服！最后一种只要 5 秒钟”。当然，并不是说一段式的标题不好，只是两段式、三段式的标题更加稳妥一些，所以建议大家多采用两段式和三段式的标题。

4. 标题里不要加的内容

这个问题我们也反复说了好几次了，主要是敏感词不要加，与违法违规相关的不要加，还有就是不要去打擦边球，打擦边球可能会通过审核，但是不一定会给你推荐量。

5. 标题的基本框架

以上四点其实已经把标题的基本框架描绘出来了。比如白酒测评的短视频，内容大概是几个人在一起讨论，说哪个品牌、哪个类型的白酒好喝，哪个不好喝，标题的框架就是我们日常生活中很常见的白酒，哪种香型的好喝。在这个时候，我们应该先问自己几个问题，看能不能引发互动，比如我们常见的白酒有哪些，这其中有没有带流量的关键词。

6. 优化标题

在问了自己这几个问题之后，我们就要着手优化标题。首先，白酒是关键词也是热点词，一定要有，其次是当时我们找了五种白酒进行测评，这里就要将数字加入标题里，让用户有一个可以选择的范围，有利于提高我们作品的播放量和收藏量，后来我们发现很多观众果然会在这五种里面进行挑选，还有些用户在评论中写出自己家乡的酒品牌。最后就是我们要怎么样才能定位到一个比较大的受众人群，通过一些工具我们得出“中国人”这个关键词的量很大，于是我们最后标题优化的结果为“中国人最爱喝的五种白酒，你最爱喝哪种”。

短视频有很多取标题的技巧，大家可以慢慢摸索，慢慢总结出一些心得，对于不同渠道不同类型的内容，大家可以深入去了解，有针对性地取标题，一个好的标题对短视频播放量肯定会起到积极作用。

三、选取封面图的方法

想要把短视频做好，除了要注重作品本身的内容以外，还需要懂得如何去运营，而在运营中短视频封面的选取这一环是不容忽视的。关于短视频的封面如何选取，我为大家整理了几个方法，分别可以从视频的内容、栏目的特点和渠道的特点来进行思考。

通过视频内容来选取封面图

首先我们可以通过视频的内容来选取封面图，且封面图和内容有一定的关联性。

1. 封面图与内容相关联

用内容相关联的图片做封面图可以清楚地表达我们这个作品的内容方向，让观众能够快速清晰地了解我们的视频想要表达的内容和重点，这样做可以避免错失观众的点击量。举例来说，比如我们的视频是美妆类的，那么我们的封面图就可以是某个牌子的化妆品，或者是一个美女正在用某个牌子的化妆品化妆的场景图片。但是，假如我们这个视频用了一个奶瓶或者说水果做封面，那就会让观众造成认知错误，不知道我们的视频内容是与美妆相关的，想要看美妆类视频的用户自然就不会点击播放，而想看母婴类或者说想看水果相关内容的用户错点进来，不但不会对我们的内容产生黏性，反而会觉得我们弄虚作假，这就导致用户和视频产生相对的错位，所以我们的视频封面图片一定要和我们的视频内容有关联。

2. 可以引起好奇心的封面

能够引发观众好奇心的封面可以提升观众对我们视频的关注度，这里需要封面图和视频标题来配合。如果我们的视频是幽默搞笑的内容，同时封面图用了一张美女张着嘴大笑的图片，标题里又提到“是什么居然能够让一个这么漂亮的美女笑出八颗牙”，这样就容易引发观众的好奇心。

3. 以人物为主的封面图

如果我们用人物形象作为视频封面的话，那我们应该注意几点。

第一点就是表情要丰富，说到表情丰富就不得不让人想到papi酱，她的表情可以说是丰富至极，并且视频的封面图通常都是人物为主，这种独特风格可能会让一些用户觉得搞笑或者想吐槽，从而也会给用户留下很深的印象。

第二点是打亲情牌，如果说我们的视频内容走的是亲情路线的话，想要唤起观看者的感性认知，我们就需要打很多亲情牌，封面图片就尤为重要。比如说父亲节期间，我们做的作品是歌颂父爱的，那就可以用父亲在雨中为孩子撑伞，孩子开心地走着，父亲却打湿了衣裳这样的图片，这种封面图就能让观众一目了然并且引发内心的情感。

第三点是使用特效，除了以上两种，我们的封面图还可以充分利用自己的创意和设计，比如说让我们的封面图加上一些特效，看着更精致一些，让观众能体会到美感。

根据我们栏目的特点来选取封面图

1. 风格要统一

这里我们所说的统一不是指的所有视频都用同一张封面图，而是说所有封面图都要有统一的标识和调性风格。就像很多做影视剪辑的账号，他们的封面图都是以精致的电影海报为主，这就是他们选取封面图的特点，形成了账号的一个标识。

2. 内容要统一

这里说的内容统一和上面我们说的封面要和内容有关联比较相似，但还是有一定区别的，简单来说就是我们做什么类型的视频，就用相同类型的封面图。比如说我们做美食就用美食作为封面图，我们做汽车就用汽车作为封面图，千万不要让图片和内容错位，错位了之后的结果就是观众不会点进去看视频，看了视频的发现不是自己想看的内容。

3. 打造品牌形象

“猪小屁”有一系列视频就是直接用的猪小屁的形象作为封面图，这不但可以提升它的品牌形象，还可以传达它的可爱及搞笑的特点，有利于提升观众对这个账号的认知度和好感度。这样的封面图设计就有助于品牌的提升和建设。

选择封面需要注意什么

大家了解了如何选取合适的封面图之后，还有一些细节大家也需要注意一下。

1. 封面要具有原创性

在选用封面图的时候，我们尽量用自己原创的图片作为封面，一般来说我们可以把人物作为封面图，可以从视频内容里选择一帧，然后在这个基础上增加一些修饰，让封面图更有立体感或者有光线感，这样就拥有了自己的视频风格。如果是做汽车类短视频，那么我们可以选择视频里相关的汽车作为封面，最好经过一定的设计处理，再加上自己的 Logo 或是其他一些特色，这样也可以给观众留下很深刻的印象。

2. 带有超级符号

制作封面图的时候，我们可以选择带上一些超级符号。什么是超级符号呢？比如说我们的视频封面上有一个红绿灯的符号，那么我们这个视频的内容很可能就是与交通相关的。又或者说，我们在做电商活动的时候，在封面图里加入天猫这个图片元素，相比我们只在图片上写天猫渠道上有什么活动等内容，显然给观众的感觉是不一样的，有了符号之后更直观，更具吸引力。

四、直播带货是如何让人上“瘾”的？

2020年疫情突然袭来，让国内的经济增速短暂放缓和停滞，无论是企业发展还是个人就业都受到了较大的冲击，各行各业为了摆脱这个困境都创造出了新的发展模式。比如教育行业开始了在线授课，电影行业开始转为线上首映，还有其他一些行业开始直播卖货。此次的疫情让直播带货变得十分火爆，大家应该都见识过它的魔力。

薇娅年带货量为27亿元，罗永浩单场直播销售1. 7亿元，辛巴四个小时带货近八亿，这些数据简直刷爆了我们的眼球，让当时在疫情下处于低迷期的企业和个人都看到了新的风口。直播带货不但可以解决渠道问题，还开启了更高效的营销模式，又能为企业增加销售额，解决一部分人的就业问题，至此掀起了直播带货的热潮。那么，是什么让直播带货变得这么有魔力呢？我们下面将从三个方向为大家进行分析。

1. 目标设定

做直播之前，我们首先要明确我们想通过直播的方式获取什么，是用户量、成交量还是销售额？我们要先确定好目标。有了一个明确的目标之后，我们就开始围绕它来制定一套完整的营销方案。如果以成交量为目标的话，我们需要思考哪些问题？以下这些问题列出来，大家看了之后有兴趣可以去思考思考。

我们的目标是多少成交量？要把目标量化，然后围绕这个量去开展工作。

每个直播平台的人群画像不同，我们要选择哪个平台进行直播？

为了避免一些不利于我们成交的外部因素，我们是否要选择好直播的日期？

需要吸引多少用户才能达到我们的目标？

我们的目标成交量中有多少可以通过老用户来达成，有多少则需要通过新用户完成？

达到我们的目标的成本是多少？如何用最低的成本来达到目标成交量？

审定目标就是我们做直播的第一步，这也决定了我们整个直播的规模和体量，为我们的团队指定了方向。

2. 打造卖点

打造卖点也是直播的核心之一，直播卖货不同于常规的营销活动，这需要更大的卖点和最直接的力度来作为支撑，才足以打动用户。在卖点打造过程中，我们要注意以下几点。

支撑卖点所需要的总成本是多少？

针对不同的人群要打造不同的卖点。

卖点需要分为高中低三个等级，设置一定的门槛和数量。

用户想要获取我们卖点所制定的优惠，需要完成哪些动作？

要用最简单的文字来包装卖点，让所有人都容易理解。

总的来说卖点是直播环节里最重要的一环，它决定了目标达成的力度。

3. 直播策略

直播和我们做营销活动是一个道理，同样都需要运营策略，如果说我们的策略做得好，那么将会事半功倍。不仅能够达到我们设定的目标，还很有可能超出。

首先我们要选择合适的产品，以我们设定的目标为前提，围绕着目标去选择最合适的产品，产品和卖点相结合，卖点才能以最大力度来支撑产品。能够真真正正打动用户的，是实实在在的性价比，要让购买者觉得这次的购买绝对不会亏。

其次是挖掘我们的受众人群，那么要如何精准地挖掘呢？先从我们已有的粉丝中去挖掘和筛选，然后把我们流失的用户进行二次激活，最后是从其他渠道进行挖掘，比如口碑营销、粉丝介绍、付费推广等。

最后是选择合适的渠道进行推广，渠道推广是用户和产品之间最有效的媒介。做直播带货，选择好一个合适的渠道十分重要，因为通过渠道来获取用户是需要成本的，所以在选择渠道的时候必须要符合我们产品的精准人群。

当我们的直播策略确定之后，我们还需要做好每个环节的执行流程，把每个版块都落地，制定合理高效的分工及完成进度表，让我们的团队能够高效运转，也能让资源得到充分利用，同时做直播带货也需要有一定的粉丝基础。怎么样才能把我们现有的粉丝转化成为直播的观众？这个问题也需要大家去摸索和思考，总之粉丝越多，转化成直播观众的就越多。

五、直播是一种内容形态还是一种能力

在移动互联网时代，随着技术的跃进、网速的提升，人们平均流量消耗早已经从 2013 年的人均月消耗 121M，跨越至如今的人均月消耗 12GB。网速的提升和资费的下降让消费者有能力在各种各样的内容形态消费中没有顾忌，而直播这类对网速要求高、流量消耗快的内容形式也开始被人们广泛接受。

直播的相关介绍前面我们已经讲过了，在这里我们深入探讨几个关于直播的问题。

在内容形态上，直播有什么样的优势和劣势？

直播数据如何结构化？

私域直播有它的价值吗?

直播的边界和未来是怎样的?

在内容形态上，直播有什么样的优势和劣势?

1. 图文、音频、视频三足鼎立

如今图文、音频和视频三种内容形态已经成为最主要的信息传递媒介，虽然说短视频看上去有替代一切的感觉，但其实这三种内容形态各有优劣，是不可能完全被替代的。在目前的科技基础上，人们通过互联网能够被调动的感觉分别是视觉和听觉，其中图文和音频都是单维度的，而视频是混合维度的，因为它同时调动了视觉和听觉。人的感觉器官需要刺激，而更多器官的调动可以带来更强烈的刺激，所以短视频的兴起就有了底层逻辑，调动单个器官的内容形态之间是可以相互共存的，但是短视频混合维度却具有排他性。

例如在以前的图文时代，在我们观看图文内容的时候，音乐可以插入进来作为一个重要的补充，而我们在听音乐的时候，图文同样可以给我们带来更多共鸣，但是这些状况在当今的短视频时代都被打破了，因为视频对于人的吸引力是非常高的，我们没有办法在看短视频的时候同时再看其他的图文或者听其他的声音，短视频的内容本身就包含了这两种信息，已经把我们的眼睛和耳朵都占据了。

2. 内容生产的成本和直播

互联网很大程度降低了传递和表达的成本，不同内容被接受的程度主要还是看消费的成本而不是生产的成本，只有消费者的消费才能推动内容的生产，所以从2G时代到5G时代我们经历过了图文时代，进入了现在的视频时代，但是却没有专门的音频时代，因为音频这个内容形态在消费成本上相对高于图文和视频。而直播有这样的问题，直播的内容生产成本比较高（有的人会拍短视频，但是不会直播，最后直播的内容就变得非常无聊)，直播的消费成本也要远高于视频。在图文时代，音频因为调动的器官不同，所以可以和图文相互补充，但是在视频时代，直播和视频互补的可能性很小。

那么直播还有什么优势呢？可以同步带来互动感、陪伴感和亲密感，这就是直播的优势，直播严格意义上来说更像是一种能力，而非内容的表达方式。因为一直以来图文和音频都是可以直播的，例如早期论坛里的帖子直播和 YY 游戏直播等，视频的直播常见于现在的直播秀、游戏或者带货等，所以直播的形式不但可以调动单个器官也可以调动多个器官，这就导致了它的多变性，它把所有的内容形态从不同步变成了同步，而变成同步的好处就是让人与人、人与内容的联系更加强烈。人们大多都很好奇，平时我们在生活中接触不到的人是怎么样的，平时我们在生活中常常接触到的人在直播的时候又是怎么样的，这种猎奇心和窥探欲就可以通过直播的形式得以满足。

直播数据如何结构化？

1. 直播的长度

短视频时代通过把视频的长度变短而大幅度降低了生产的成本，也更容易被理解，数据的结构化也更加方便。那么直播有没有一些方法可以降低生产成本和结构化的难度呢？有，比如说将直播的时间变短，就能降低生产和理解难度。

2. 更细化的主题

比如说直播带货、直播拜年、直播才艺等，这类主题的细化，是不是也能让生产成本降低，让数据更好地结构化？

私域直播有它的价值吗?

肯定是有的，虽然目前的直播主要面向公域用户，但是作为一种能力，还是具有私域价值的，比如说我们日常的视频聊天就可以比作是点对点的一场私域直播，而朋友圈直播或者说群直播就好比是点对多的私域直播，这些不都是价值吗?

而私域直播相比于公域直播，能更大幅度地降低生产成本，能大幅提升互动性，同时自带话题，不用费心去策划话题。

直播的边界和未来

1. 无边界直播

既然说直播是一种能力，那么在哪些领域需要这种能力呢?比如说电商、音乐、旅游、房产、社交、社区、媒体等，很难保证某个领域不需要这种能力，电商通过直播来带货，社交通过直播来增进感情，音乐通过直播来提升陪伴感……

直播在某种程度上解决了人的孤独感，提升了人与人之间的信任，这种能力几乎是各行各业都需要的。

2. 更多的内容形态

目前直播只具有视觉和听觉的刺激，如果说将来触觉、嗅觉或者味觉等能够通过直播的形式来调动的话，那么直播的边界是不是又得到了更大的拓展呢?比如说主播直播坐过山车，那么我们看直播的人戴上相应的智能设备，能够和主播一起感受过山车带来的刺激。又比如说美食直播，主播在品尝美食的时候，我们看直播的人是不是可以闻到香味?到时候直播将覆盖所有行业，造福更多的人群。

六、微信视频号的商业价值

微信的视频号虽然相对于抖音和快手来说起步有点晚了，但是其具有强大的社交属性，如今视频号和微信、朋友圈、公众号、小程序等之间的对接是越来越紧密，那么它的商业价值到底如何呢？

前面的篇章我们讲过了什么是视频号以及视频号与微视的区别，视频号本身除了呈现视频以外，还有一个大家都忽略了的特点就是“号”，这就是我们所说的 ID（身份）。打开视频号之后我们需要注册，而不是直接用我们的微信号来发布内容，这就说明视频号和微信的身份体系是不同的。微信是私密的身份，只有好友之间才能聊天和互动，而视频号是以公开的身份呈现的，我们可以看陌生人的视频，为他们点赞，他们也可以看到我们发布的作品，为我们点赞。虽然说视频号是公开的，但是在视频号里我们不能直接添加别人为好友，而通过微信我们可以直接进入好友的视频号，所以这很好地平衡了公开和私密的两种需求。

那么视频号为什么要公开身份呢？微信本身的特点就是私密化，微信的崛起正是因为它满足了人们需要私人空间，只想与好友交流的需求，其私密化的功能非常受欢迎。比如现在朋友圈里的内容三天可见或者不给谁看、给谁看等功能都受到了用户的青睐，反而在文章里“在看”的功能却让很多用户在点击的时候变得更为谨慎。

但是微信如果只有私密化这个功能的话，就算是覆盖了全国 14 亿的用户，那内容能触达到的也最多只有 14 亿人，这样的话商业想象力就有限了，只有在保证了私密性的前提下，再连接每一个孤立的个体，才能发挥更大的价值。从用户体验的角度来看的话，如果视频号只能对好友可见，那就跟我们在朋友圈发小视频没有什么区别了，如果从内容传播的角度来看的话，视频号的公开不但可以提升内容消费，还能增加内容生产的丰富度。一方面观众可以在推荐页里面看到整个平台的创作者发布的优质视频，而另一方面，作为创作者发布了内容能有机会触达到所有的用户，十分有利于优秀创作者的成长。从视频号的定位来看的话，它的功能远不止满足社交，他最重要的功能把整个微信生态链接到一起。通过视频号，我们可以有更多的内容营销方式，比如说视频号里可以跳转到公众号，这就是从公域链接到私域，还可以做微信直播、搜一搜、看一看等更丰富的资讯体验，还能链接微信小商店和小程序，从而形成交易的生态。

视频号已然成为了微信里的每个人或者每个品牌对外展示的名片，微信公众号的页面布局也随之做出了调整。打开公众号你会发现，除了以往的图文内容外还开辟了“视频”这一栏目。而每个微信账号的个人页面里除了展示朋友圈，还增加了视频号这一项。打开微信的搜一搜，搜索某个品牌的话，还能看到这个品牌的视频号的动态，所以视频号已经成为公众号、小程序以外的第三个重要的账号。由此可见，视频号已经成为个人或者说企业、品牌的展示名片，对于那些希望通过微信生态来进行深耕的企业，视频号就好像百科、微博或者官网一样必不可缺。

那么微信视频号对于腾讯来说，体现商业价值的地方可以暂时分三个。第一个是广告变现，视频号的诞生为腾讯带来了一定的广告增量，视频号和朋友圈的广告相比，其单价更高，可以带来更可观的收入。对于广告主来说，不需要像在抖音平台那样要花大量的成本去投放头部的账号以打造爆款，而是可以选择更多的中腰部的账号来植入广告进行社交传播。第二是电商变现，每个人都可以零成本零门槛地生成卖货小程序，也就是微信小商店，而微信小商店可以嵌入在视频号的直播中直接销售商品，视频号的个人页面也可以直接跳转到微信小商店。第三点是直播变现，当然，视频号的直播形式和其他平台的差不多，都主要以打赏和带货为主。但是视频号具有微信特有的社交属性，这就让其直播平台和其他的直播形成了差异化，比如说主播可以选择在微信群里发红包，把公域流量变为私域流量，再针对其做社群运营。

相比快手和抖音来说，微信视频号虽然错过了短视频爆发期的红利，但是借助微信本身的用户基数和社交生态，视频号能构建的商业闭环还是让人十分期待的。

七、微信小程序直播和其他平台有何不同？

微信小程序直播姗姗来迟，那么他和抖音、快手等平台的直播有什么区别呢？作为商家又应该如何选择适合自己的平台呢？

微信小程序直播已经正式进入了公测阶段，在直播这个巨大的流量阵地里，各大科技巨头、零售商家抑或者是每一个个体都希望能够借助其找到新的机遇。目前已经有不少的商家参与了小程序直播的公测，并且获得了不错的成绩，“完美日记”2020 年 2 月在小程序直播中观众人数环比增长了三到十倍，购买转化率更是比其他直播平台高出了两三倍。“茵曼微店”在 2020 年 2 月 21 日的第一场直播就收货了 26 万的点赞，观看人数更是达到上百万，而“步步高百货店”更是在首播的半个小时内就销售了 40 万元。那么微信小程序直播和其他平台到底有什么区别呢？

我们先来看看它和其他直播平台的对比。

表 10－1　微信小程序直播对比表

分类标准	微信	其他
入住条件	微信只提供直播组件 商家自主创建直播间	已创建直播间 商家零门槛入驻
流量逻辑	以品牌为中心	以主播为中心
传播逻辑	在微信端形成闭环传播	需要通过站外引流
用户运营	存量用户运营	增量用户扩展
产品运营	侧重新品发布和品宣	追求直播销量

1. 小程序直播的入住条件

和抖音、快手等零门槛入驻类的平台不同，微信只给用户提供小程序的直播组件，而直播间是需要商家自己创建的。就好比我们买了一套家具，但是运送到我们家里的不是已经组装好的家具，而是标准的材料和零件，需要我们自己亲自动手来进行组装。但小程序直播间的组装也并不是什么难事，很多已经入驻的商家表示最快一天就能完成直播间的搭建。

2. 流量逻辑

虽然都是直播，但是小程序直播的流量逻辑和其他平台不一样，微信的小程序直播主要以品牌为中心，而其他平台几乎是以主播为中心。

一般来说，其他直播平台的用户都是漫无目的地刷着短视频，然后看一些自己感兴趣的主播，在很多商品中接触到某个品牌的某种商品，然后被主播种草而决定下单。

而小程序直播其实对主播就没有这么高的依赖程度，因为这里的用户大多数本身就是因为关注了某个品牌，然后从各种渠道进入这个品牌的直播间，从而与主播产生互动。换句话说就是在小程序直播中，用户更认准的是品牌，而不是某个主播，因此商家也可以不用专门和一些头部的大咖合作，完全可以选择自己的员工出镜。只要他们懂得直播，了解产品，知道如何互动，这样不仅节约了成本，还能更好地避免一些因为对产品不熟悉而发生的“翻车”事故。

3. 传播逻辑

在抖音、快手、淘宝等这样的平台直播，大多都需要借助站内外的流量来预热宣传，比如说淘宝的商家在做一场直播，那么只靠淘宝站内的流量是肯定有限的，最好的办法就是借助像微信、QQ 这种站外的流量来进行预热，需要提前在微信朋友圈、公众号发推文，制作海报或 H5 来传播预告等。

而小程序直播背靠微信这个强大的生态链，形成一个流量闭环，不管是预热、直播，还是后面的分享，全部都可以在微信里面进行。并不是每个人都注册了淘宝，但是几乎人人都注册了微信，微信每个月活跃用户达到了 11 亿，这就是它的底气和优势所在。

4. 用户运营

商家可以依据自己的品牌在不同阶段、不同时期的用户运营策略来选择在哪个平台进行直播以及直播的方式。

如果说是新搭建的账号，需要从 0 到 1 的商家来说，就需要不断有新用户进入，那么其他平台的直播就是非常好的公域流量池，可以聚集四面八方的用户。对于一些符合其条件的用户还会得到一定的流量扶持，比如说抖音平台的直播间引流方式就有短视频推荐引流、关注页引流、直播间推荐引流、同城页引流等，帮助商家增量用户的扩展。

如果说是已经具有一定品牌效应的商家，那么小程序直播作为一个深耕私域流量的方式来说是更适合的选择。小程序直播基于其品牌本身具有的老用户，可以通过微信公众号和微信群来通知直播的信息，因为这些用户本来就对品牌感兴趣，一直关注着产品的动态，所以可以更好地做好存量用户运营，让私域转化率更高。

5. 产品运营

在其他平台直播，对于主播来说，有销量才能拥有话语权，才能够对品牌方有议价的筹码，所以主播在选择品牌产品合作的时候也十分苛刻，产品的市场竞争力如何，是不是所有渠道中价格最低，是否能在一定时间内保证无条件退款退货等都成为了主播选择的标准。

而小程序直播更注重于新品的发布和品牌宣传，所以主播几乎都是围绕着品牌的调性来做的，并不需要刻意追求销售量最大化。

八、种草是什么？我们要如何种草？

大家在浏览一些文章或者短视频的时候，有没有看到过这样一些评论——“谢谢作者，种草啦”。是不是感觉这句话有点熟悉？我们的生活水平越来越好，商品也越来越多元和丰富，我们对商品做出选择的难度也越来越大，这个时候就有不少创作者对商品进行测评，然后给大家种草和拔草，你有没有被种过草呢？

有一个说法很有趣，有一些品牌想要做宣传，本来想投电视广告，但是发现很多年轻人已经没有看电视的习惯，都去视频网站直接看视频了，于是就想去视频网站投放广告；但是这个时候又发现年轻人几乎都成了网站会员，看不见广告了；然后发现年轻人又都开始刷短视频，传统媒体的广告更没有时间去观看了。这就形成了一个十分尴尬的局面，广告主有大把的预算，却无法让广告展示到年轻人的面前，而年轻人在需要购买产品的时候也不清楚应该选择哪个品牌，这样发展下去，这些品牌产品是不是就等于无人问津。

当然不是，因为这时候就衍生了一个新鲜的事物——种草！

1. 种草是什么？

根据互联网的解释，种草就是指分享推荐一款商品的优秀品质，从而激发别人购买欲的行为。

种草和硬广有很大的区别。硬广是简单直接地告诉你“送礼就送×××”，而种草却是“今年过年大家是不是又不知道该送什么礼物好了？给大家说说我的礼物吧，我去年给大伯送了一套×××，结果邻居都跑来看这个稀罕玩意儿，还夸我在外面挣大钱了，让我在家人面前很有面子，所以大家知道今年过年送什么好了吧”。

种草其实还有另外一个更加专业的名字，那就是内容营销。

说到内容营销，大家是不是就耳熟了？在各类大师的营销培训中听得不少吧？内容营销听上去感觉对实际工作没有什么帮助，就跟成功学一样比较虚，但是换作种草就完全不一样了，种草完全是有方式方法可以借鉴和学习的。

2. 如何进行种草？

种草和硬广的区别就是一个软一个硬，那么种草的内容到底可以软到什么程度呢？优秀的种草甚至能让你几乎察觉不到这是一个广告。比如一个口红的种草视频，前面的内容是剧情段子，在结尾的时候稍稍露一下口红的品牌即可，这样软硬适中的视频很有利于曝光。

曾经有一条一小时的教学视频，主播貌似无意地推荐了一本书，就给这本书带来了上千的销量。如果这一个小时主播全部用来讲这本书的好处，未必会有这样好的效果。

种草的核心点就是要勾起观众的兴趣，当把大家的胃口调动起来的时候，稍稍把品牌带出来就能达到很好的转化效果，绝对要好过通篇宣讲品牌。拿小红书来说，小红书大多是以日记分享的形式进行种草，可以每一句话都加上品牌词，也可以在文章结尾的时候稍微提一下品牌。还有很多种草，连产品的品牌都不会提，让看到这篇日记的用户自己去网上搜，大家会不会觉得这种日记根本没有效果？刚好相反，用户一旦被这种日记种草成功，他们会想尽一切办法找到这个产品属于什么品牌，在哪里可以购买。

3. 种草的平台

种草之所以开始流行起来就是因为各种不同的客户端兴起，当然每个客户端都有其不同的规矩和玩法，在什么样的平台就要学会说什么样的话。

目前推荐大家可以种草的平台有小红书、抖音、快手、微信视频号等。目前这些平台上的种草内容和真实评测内容，个人感觉是一半对一半。平台需要用真实评测的内容来留住用户，也需要用种草内容实现变现，这是个良性循环。广告主需要做的是如何从中穿插进去，为这个循环助力。如果一个平台得不到广告主的认可，那么这个平台也是走不远的。

选择了什么样的平台种草就要做和这个平台相对应的内容，比如说 B 站最流行的就是开箱类视频，在和达人一起开箱的过程中，我们也显得十分期待，但是如果换成硬广的形式，效果肯定不会好。所以，一段种草的视频内容是不是优质，看看用户能不能主动看完就知道了。

九、短视频种草的五种表达方法

随着短视频的兴起，短视频的用户也在快速增加，这个时候，企业账号应该从哪几点着手，引导用户种草从而达成转化呢？

短视频种草的表达方式

1. 细节展示类

大部分商家都会采用这种拍摄方式，因为这是最简单的。选择好商品的一些卖点，然后用镜头展现到用户面前，比如一条毛巾要突出它的韧性，就直接拿着毛巾拉扯扭转；卖乳胶枕头为了证明柔软有弹性，就直接按压拉扯，看能不能马上恢复原形。这些细节的展示主要就为了消除消费者的顾虑。

2. 知识讲解类

用科普的形式把产品的一些知识或者说专家的一些建议告诉用户，毕竟大部分用户对产品的了解都是不全面的。

这其中的方式可以分为三大类。

一是揭秘类，展示一些普通消费者日常接触不到的场景，比如带着镜头进入生产车间，让用户们看一看海鲜罐头是如何经过加工到罐装的，让用户了解一下一条裤子是怎么生产出来的，这些其实都是为了向用户传递商品的安全性、品牌的实力等概念。

二是搭配类，很多做服装或者美妆的账号，基本上都是分享穿搭修饰的妙招，比如说冬天围巾有多少种围法，夏天如何防晒，如何补水等，这里主要想突出的就是产品的实用性。

三是要点类，直接把知识点罗列出来，让用户有一种收获感。比如一个月瘦十斤的方法，男人必须看的五本书，夏天防晒千万不能做错的步骤等，都属于这一类。

3. 产品对比类

如今销售产品，对于自卖自夸的方式用户已经免疫了，倒不如把竞品的劣势分析给用户听，减少用户比较的环节。

比如说以用户买到假冒伪劣的东西作为话题，告诉用户到底什么才是货真价实的产品。

认为用户买贵了，站在用户的角度为其感到不值，通过展示自家产品的原产地、生产车间等，告诉用户只有在我这里才能买到最实惠的。

认为用户买差了，让用户看自己家产品和用户购买到的产品的区别，直接让两款商品进行对比，在用户心理建立一个好的标准，同时也是为了体现出自家产品的优势。

4. 使用方法类

把产品的使用技巧分享给用户，让用户能更快更充分地了解产品，比如说卖箱包的，就可以告诉用户如何分辨真皮假皮，平常如何对箱包进行保养，这款箱包如何来搭配衣服等。

5. 使用场景类

主要以短视频剧情的形式来为展示产品提供各种场景，比如说某某品牌的啤酒，那么就可以为用户罗列出 N 种喝这款啤酒的场景，像看球赛、生日聚会、毕业纪念、结婚典礼、升职加薪等。营造的场景越多，那么用户购买的理由就越充分。

以上的五种种草方式大家在实操的时候，可以多种结合，延伸出多种视频风格，让输出的内容更具有持续性和可看性。

短视频种草的三种风格

1. 剧情式

这类风格的视频大家可能经常看到，就比如说为了突出自己的商品便宜，视频内容就是两个人相遇，然后交谈某个商品的价格，从交谈中得知甲花了 100 元，而乙只花了 60 元，然后乙就把自己购买的渠道和省钱的妙招分享给甲。

剧情式种草就是把我们想要表达的内容植入到一个故事当中，这样可以极大地避免用户因为觉得是广告而直接刷走。当然，这也需要很好的创意来进行融合，不能太过生硬。

2. 问答式

用一个人采访、一个人回答的方式，向用户展示或者普及产品。

比如朋友直接问什么品牌的口红比较靠谱，员工请教领导给客户送礼送什么比较好等。但是要注意，这里不能是很死板的采访形式，应该是很自然的一问一答的风格。

3. 直述式

这是最简单的一种方式，基本上就是主角一个人在一个场景中自言自语地解说，或者回答一些问题，用这种方式来进行表达，这就比较考验演员的能力了，特别是情绪和语调方面，能让观众愿意听你说下去。

十、想做大 V，先做标签

在如今这个自媒体繁荣发展的时代，只要你勇敢向前迈出第一步，就有可能一夜之间成为网红或者大 V。自媒体的出现降低了我们表达的门槛，让人人都有机会走红，但是却也变得人人都难以走红。这个时候，标签就可以说是十分重要了。

1. 标签是什么？

所谓标签就是你在许多人眼里的几个关键词，别人通过你能联想到那几个词，而通过那几个关键词也能第一时间联想到你。比如雷军是小米、“雷布斯”、英语说唱、技术男；罗永浩是锤子手机、负债翻身、中杯；李子柒是精致的农家姑娘、美食家；海底捞是服务超级好；董明珠是格力、女强人、企业家。

这样的例子太多太多了，标签不仅仅适用于人，同样也适用于企业和品牌，标签本身就是从产品的品牌演化而来的，我们完全可以把打造个人标签理解为打造一个品牌的标签。

2. 标签有什么好处？

产品打上标签之后就能从众多的同类产品中脱颖而出，个人打上了鲜明的标签之后就能在茫茫的人群中鹤立鸡群。

标签其实换个说法就是我们的人设，有了标签就等于有了人设。当别人提到你的时候，对你有一个立体的印象，而不是一笔带过的那种感觉。有了标签有了粉丝之后，我们就拥有了流量，就可以开始在我们的内容里植入广告了。

3. 如何做标签？

很多时候大家觉得我们只是普普通通的一个人，确实不知道自己有什么特别的标签可打。其实，我们不是没有标签，只是不知道该怎么发现自己独有的标签。每一个人都是独立个体，如果细分来看的话，我们也是千人千面的。

以“00 后”为例，绝大部分都很普通，没有独特的标签可以贴，但我们可以从个人成长的经历、个人的爱好、生活和工作的阅历、家庭环境等方面进行深度挖掘。比如个人成长经历方面，是不是曾经的学霸？不是学霸，那是不是经历很励志？又比如，我们的家乡是哪里？有没有什么特别之处？我可以说我来自 8D 魔幻城市的重庆，这样是不是也有标签了？

现在马上拿出笔和纸为自己写出三个特有的标签，看看这些标签能不能为自己带来话题和流量，以后就可以围绕这些标签来开展运营工作。

十一、每场直播如何做到热度过万？

从 2020 年开始，直播这个风口就一直居高不下，视频号虽然姗姗来迟，但作为腾讯发力的重点，也吸引了很多企业和用户的关注。虽然目前直播方面没有太大的市场份额，但绝对是不可轻视的一个重要渠道。

当今微信直播受到越来越多人的重视，这其中也有不少人通过微信直播赚到了第一桶金。那么，我们应该如何在微信视频号里做直播呢？

直播有很多种类型，例如才艺展示类、带货类、情感聊天类、教育培训类等，这里不是教大家如何通过微信直播把货卖出去，而是先教大家如何把自己直播间的人气热度打造起来，让用户愿意留在你的直播间。

首先，我们还是先简单复习一下短视频直播的基本认知。

1. 表演大于表达

不论是做社群还是销售产品的，如果说每天都是在直播间里背说明书和“念经”的话，可想而知这样的直播间是不会有太高人气的。只要选择了对外做直播，就要让观众感受放松和快乐。比如薇娅的直播间，如果她半个小时都一直在说产品的成分，那么能留下来的观众也不会多到哪里去，因为这太过枯燥了。这也就是为什么剧情式、嘉宾互动式、才艺主播之类的直播间人气高的原因。在直播带货的时候一定要做到“展”“试”“演”“说”“用”几点相结合，这样的直播才具有可看性，才能留住观众。

在以前图文时代的时候，表达型的人才最厉害，现如今在短视频直播时代，表演型的人才最厉害。

2. 互动大于内容

在直播间里一定要多和用户进行互动，如果直播中要把说话和互动分个比例，我觉得应该是七分互动、三分说。就好像以前我们在读书的时候，如果老师一直在讲台上给我们干巴巴地讲知识点，很多人是难以全神贯注坚持完一节课的。比如在化学课上，化学老师闭着眼睛嗅着什么，然后问大家：“闻到烧白的味道了吗？”大家齐刷刷回答闻到了，然后老师马上说：“这就是分子。”这样互动的模式能让同学们马上对化学提起兴趣，对这位老师也会十分有好感。

如果说你的直播间当前有1000个观众在看，或许是你讲得太好了，以至于大家都没人说话，都在认真听你讲，没有一条信息，没有一个点赞，没有一个转发，作为主播的你会怎么想呢？真正有人气、有热度的直播间必定包含了有价值的内容和主播有趣的表达方式以及频繁的互动，这才能吸引更多的观众进入你的直播间。

3. 强化仪式感

你想过直播要做开场和结尾吗？你仔细策划过这两个环节吗？是不是很多人基本上都是直接开播说一些“大家好、我来了”等寒暄的话，然后就开始漫长的内容了？你有没有尝试过让粉丝签到？有没有策划过自己特别的开场方式？那些老观众每次来你的直播间有没有什么特殊的仪式必须遵循？就好比我们上课要起立喊老师好，下课了要喊老师再见一样，如果没有这些环节，那么这节课是不是感觉就有点怪怪的？

4. 提升用户存在感

一场直播下来，观众关注的是主播说了什么，而主播关心的是粉丝做了什么。粉丝都希望在直播间得到主播的关注，也就是我们说的存在感。

作为主播，首先我们要做到欢迎每一个进入直播间的观众，要念出他的昵称。当然，如果你直播间的人数成千上万，那就另当别论了。那些为我们打赏刷礼物的粉丝，我们也要很重视，一定要很大声念出他们的昵称然后感谢，同时还应该引导其他用户来关注他们，比如你可以说：“家人们，来给我们榜一榜二榜三的大哥点点关注。”特别是那些经常来支持我们的粉丝，一定要常常念叨他们。直播的时候，对那些给我们提问题和发表自己意见的粉丝也要注意，这些粉丝都是愿意主动和我们互动的，我们一定要尽量及时回复。

除了才艺打赏类的直播，还有卖货以及其他知识付费类直播，一旦有用户下单成交，也需要及时表达感谢，这其实也是在提醒其他用户。

5. 引导用户塑造目标感

在直播间里虽然用户给主播点赞、评论刷礼物都是自发的，但是绝大部分还是需要引导和鼓励的，这也是互动中很重要的一个环节。在直播间里引导用户为我们点赞可以提升直播间的热度，获得更高的官方流量推荐，当然，这里的点赞并不是让观众对我们主播表达认可，这是为了给其他观众起到示范作用。而引导用户转发是想要通过用户的推荐获取更多的观众。还有我们经常会在直播间看到“11111”“666”“888”等数字的刷屏，这就是应用了视觉锤的方法，一场直播里我们可以有很多种口令，比如说想听主播唱歌的刷“1”，不想听的刷“2”，觉得主播唱得不错的刷一波“666”，等等。口令是直播间的专属符号，是传递各种情感的一种表达方式。还有我们在和粉丝互动的过程中，一定要提前准备好几个通用性的互动问题，可以是用户提问，主播解答，也可以是主播提问，用户解答。在引导粉丝互动的过程中一定要给粉丝们设定一个目标感，比如刚刚有人问了主播身高是多少，那么我们把直播间点赞数量冲到10万，主播就告诉大家，不然粉丝是不会来助力你实现这个目标的。

6. 连麦破圈

在直播中经常连麦，找其他主播一起助阵，不仅可以提升观赏性还能拓展自己的影响力。关于连麦，其实除了和别的主播连麦或者和自己邀请的嘉宾连麦外，还可以和粉丝之间连麦。和粉丝连麦可以设定一个门槛，比如说粉丝送一个火箭就可以获得连麦的机会，在线与粉丝进行答疑。也可以以抽奖的形式来随机和粉丝连麦，比如大家同时刷“111”，然后主播截屏，截屏后最顶端的刷了“111”的用户就可以和主播进行连麦。但不管是打赏的形式还是随机的形式，一定要设置一定的数量，形成稀缺感，还有就是要重点宣传和自己连麦的粉丝，让他们感受到关注，享受存在感。

7. 让粉丝有利可图

粉丝跟我们的互动基本上是属于友情支持，他们是没有任何实际意义上的好处的，所以这个时候我们可以再给自己的直播间加一加热度。我们每场直播都可以提前准备一些小礼物，然后帮助我们点赞、评论、转发的用户有机会进行抽奖，甚至还可以通过引导到微信里发红包的方式来增强真实性。微信直播生态互动最大的好处就可以通过直播群来发红包，可以通过在直播间设置红包后分享到微信群里去，达到帮直播间引流的目的。

以上这些都是微信直播的一些基础运营手段，希望对大家在微信开展直播有一定的帮助，同时也建议大家可以多学习多摸索，比如怎么抽奖更有趣，一场直播应该如何策划，等等。

总　结

——短视频平台现状及未来趋势

短视频行业目前已经是互联网行业里的天花板了，将来一段时间也必定是最流行的趋势。最后我们再来总结一下短视频行业的过去以及未来的前景。

什么是短视频行业的“3+N”格局？

目前来说，短视频行业已经形成了3+N的竞争格局，而流量的竞争也逐渐转向为存量的竞争。目前国内的短视频平台主要以抖音、快手和微信的视频号为主，处以领先位置的第一梯队，而西瓜视频、抖音火山版处于第二梯队，腾讯微视、百度的好看视频等处于第三梯队。这就是我们所指的“3+N”。

抖音和快手有什么区别？

抖音和快手这两大短视频平台有本质上的区别。

首先是平台之间的价值观不同，系统的算法机制也不同。抖音的广告语是“记录美好生活”，平台的推荐算法让优质的作品可以得到最大程度的推荐，所以头部的账号往往能获得更多流量。而快手则是去中心化的网络，算法上用的是均衡的流量分配，这让普通的创作者也能得到流量。

抖音在初期的时候十分重视运营，从各大院校邀请时尚潮流的年轻群体成为种子用户，为平台提供初期的内容，经过一段时间的发展之后开始从各界邀请大咖、明星入驻平台，并时常举办一些活动和制造热门话题。快手在初期的时候并没有邀请一些大咖、明星入驻到平台，所以目前快手平台上的头部账号大多都是靠自己运营起来的，粉丝也是自己一步一步积累的。

抖音和快手在调性上也有着本质的区别。抖音面向的是一二线城市的年轻群体，主打的是时尚、潮流的调性，无论是产品的名字、音乐风格、各种滤镜、道具都彰显出年轻的风格。而快手面向的群体年龄相对偏大一些，而且 70%的用户是来自三四线城市，整体调性相对偏下沉，生活的内容占比较大。快手平台采用的双排瀑布流的模式，让用户的视频能够获得更多的曝光机会，快手基于其老铁的文化，互动方面比抖音更频繁一些。

在盈利模式方面两个平台的占比也是不同的，来自 2019 年的数据，抖音的盈利中广告占了 80%，然后才是直播和电商；而快手是直播占了 60%，接着才是广告和电商。

为什么要在平台的基础上做极速版？

目前像抖音和快手短视频都打造了极速版的客户端，其目的都是为了占据更多的下沉用户。极速版只保留了原版的核心功能，把不必要的模块和功能通通去掉，这样保证了最大程度地适配一些中低端手机，同时各类红包现金奖励也成了极速版的标配。

短视频产品的经验和教训

腾讯打造短视频的策略是广撒网的形式，特别是几年前重新启动的微视。但是产品整体和抖音太过于相似，没有什么创新点，即使通过微信等资源推出了一些玩法，也没有成为一个顶部产品。总的来说，微视之所以跑不过抖音和快手是因为其定位不明确，业务团队也一直在来回调整，以至于错过了最好的时机。

在自己产品处于弱势的状态下，可以找出竞品的软肋，与其展开错位竞争。找准竞争对手的软肋，建立正确的指标以及和竞争对手体现差异化，全力出击才有可能脱颖而出。

字节跳动公司从 2012 年开始打造今日头条，2016 年开始着手打造短视频，逐步推出了抖音短视频、火山小视频、西瓜视频，那么字节跳动是怎么来实现第二曲线的呢？

首先是通过已经发展起来的产品为其他产品提供流量，产品自身也要有核心引擎，今日头条的推荐引擎就是其核心，基于主要产品和核心引擎，再通过在每个步骤融入创新，独立出能够有发展前景的创新产品，接着找到破局点。就好比 2016 上半年，视频整体的播放量提高了三倍，2016 年全年的视频播放量是 2015 年的六倍，这就说明短视频的风口已经到来了。2016 年字节跳动上线了抖音、火山和西瓜三个视频客户端，虽然在前面几个月整体数据不太理想，但是通过调动更多资源来持续投入，击穿破局点，在 2018 年春节的时候，抖音的用户量就实现了暴增。

未来的发展方向

1. 内容生态专精化、中视频、Vlog

用户选择使用某个平台以及停留在某个平台最重要的理由是这个平台的内容，当平台的内容专精化的程度较高，且在用户有需求的前提下，就可以考虑开始转向知识付费。

2. 电商化

直播打赏和卖货目前是短视频平台主要的变现方式之一，短视频和直播连接商家和消费者，可以通过培养主播和用户的信任，来搭建用户、商品和场景的商业闭环。

3. 社交

社交功能极大地提升了用户黏性程度，有助于其他平台摆脱微信对短视频传播的限制。

4. 生活服务

同城功能借助平台用户和线下店铺的位置进行匹配，形成本地生活服务圈，从而和大众点评以及美团形成竞争。

接下来我们再来了解一下短视频行业的背景。

市场规模

根据网络数据显示，在 2020 年上半年疫情期间，短视频行业网整体的月活跃用户就达到了 9. 1 亿，但在之后增速有所放缓，整体下滑到 8. 5 亿。2019 年 6 月数据显示，相比在 2018 年同期，手机上同时安装了两个或者两个以上短视频 App 的用户比例有所上升，达到了 35. 7%。

竞争格局

目前以抖音、快手、视频号作为第一梯队，西瓜、火山作为第二梯队，腾讯微视、好看视频等为第三梯队形成了“3+N”的竞争格局。

字节跳动系平台有：抖音、西瓜视频、抖音火山版、FaceU；

B 站系有：哔哩哔哩；

腾讯系有：微视、微信视频号、下饭视频、企鹅看看、速看等；

快手系有：快手、梨视频；

百度系有：好看视频、全民小视频、快拍、秒懂视频、人人视频；

阿里系有：土豆视频、淘宝短视频、电流小视频；

新浪系有：秒拍、小咖秀、波波视频、爱动小视频；

网易系有：网易菠萝视频、网易戏精；

美图系有：美拍、剪萌；

360 系有：快视频、快剪辑。

短视频用户画像

抖音短视频、快手短视频、微信视频号的用户基本涵盖了 10 岁以上的用户群体，逐渐体现出全民化和大众化。2018 年到 2020 年期间，短视频用户 20 岁到 39 岁的占比逐年下降，而 40 岁以上的比例逐年上升，这正说明了短视频行业在发力争取更多的中年用户群体。

我们再回过头来看看短视频行业的产品历史。

抖音

抖音平台的愿景是“记录美好生活”，上线时间是 2016 年的 9 月 20 日，经营了一年半的时间把月活跃用户做到了一亿，但是月活跃从一亿飙升到四亿却只用了九个月的时间，这也是所有互联网 App 中突破四亿月活跃用户时间最短的。

2017 年春节后开始调用各种资源，邀请大咖、明星入驻到平台，同年 11 月 10 日，今日头条收购了北美的音乐短视频社交平台，并与抖音进行合并。

2018 年 7 月，抖音开通了任务接单功能——星图平台，这跟微博和快手的接单功能类似，主要是为了给品牌和达人之间提供一个撮合服务的渠道，并从中收取一些费用。

2019 年抖音成为春节晚会的独家社交媒体平台。

2020 年 1 月 8 日，抖音和火山小视频宣布整合，火山小视频从此更名为抖音火山版。

2021 年抖音成为春节晚会独家的红包互动平台。

抖音产品的特点

抖音自成立开始就特别注重运营，注重内容创作者，运营出一些头部作品和爆品，让用户们可以轻易地跟风模仿，从而形成裂变。成立初期，抖音平台从各大院校邀请年轻人入驻抖音成为创作者，并且通过联系一些平台的家族公会来导入 KOL，发展了几个月之后开始邀请明星大咖入驻抖音平台，并且时常举办活动和制造热门话题。抖音平台也比较重视 MCN 和公会化，从 2019 年开始就大量引进公会。

在运营方面，从 2017 年开始抖音就逐步在弱化人工运营，同时强化系统算法。播放量、完播率、点赞量、评论量、转发量等各项指标都比较好的作品经过多轮筛选进入新的流量池，中心化的算法让用户一打开抖音就马上能看到优质的爆款作品。

抖音自带的视频编辑功能也十分强大，首先就做到了视频编辑的门槛很低，小白也可以快速学会如何运用特效、道具和音乐等，这方面就比其他产品做得更好，特别是越来越多的流行音乐、滤镜、贴纸、AR 表情、美颜等功能，激发了越来越多的用户的创作激情。

抖音平台的盈利情况

抖音平台在 2019 年 80% 的收入来自于广告，电商和直播方面还有望扩大。2021 年抖音第一季度的广告收入超过了 310 亿元，预计 2021 年全年的收入为 1500 亿元。

快手

快手平台的口号是“拥抱每一种生活”。快手成立于 2011 年 10 月，最开始是 GIF 的模式，2012 年 11 月开始社区化转型，其月活跃用户做到一亿花了四年时间，而从一亿到四亿花了三年多时间。2019 年第一季度，快手成立了三人战略指挥部，其中一些功能得以改善，逐渐壮大了游戏、直播、电商等部门。运营方面开始着手重新规划，以抖音类的产品形态来占领下沉市场。

快手产品的特点

快手区别于抖音，采用的是去中心化分发模式，对用户进行均衡的流量分配，然后再根据初始流量分配的结果进行筛选，这就让普通的创作者也能得到更大的流量，没有明星榜和红人榜等。针对创作者上传的视频，根据他们的标题、简介和位置等信息贴上标签，然后匹配给符合这些标签特征的观众。

和抖音对比，快手的创作者被推荐到流量池的门槛低一些，普通用户创作的内容也可以得到公平展现，这就大大地满足了一般内容创作的用户。

基于快手的老铁文化形成的关系链，内容创作者基本上都拥有一定的私域流量，快手的用户相比抖音用户更喜欢对作品进行评论，社区的属性比较强。快手初期不太重视运营，没有邀请明星大咖入驻到平台，内容创作者更多的是靠自己运营来积累粉丝，但近两年快手开始着手培养自己的网红，同时也开始邀请明星入驻。

快手平台的盈利情况

在商业变现方面，快手主要以直播为主，但是直播变现的比例却在逐年的下滑，广告业务相对在逐年提升。2021 年第一季度快手盈利 170. 19 亿元，直播打赏的收入为 72. 5 亿，整体营收为净亏损 49 亿。

微信视频号

微信视频号的口号是“记录真实生活，人人都是独立创作的个体”。

2020 年年初开始进行内测，2 月份开始邀请一些媒体和垂直领域的大咖入驻，并逐步开放了更多普通用户的入口和观看的内测资格。2020 年 6 月，微信视频号进行了大调整，顶部分成了四大版块，即关注、朋友点赞、热门、附近（附近版块目前已经去掉）。2020 年年底，日活跃用户突破了 2. 8 亿，数据直逼快手。2021 年 5 月底，微信公众号和视频号直播实现了互通，打破了图文和视频的界限，加入了更多有趣的玩法，也让视频号获得了更高的热度。

微信视频号的特点

首先视频号是独立的账号，不是与微信号及公众号捆绑在一起的，但它并非独立的客户端，是镶嵌在微信中以功能的形式存在的，这就让视频号从微信中获取大量的流量，成为微信流量的集散中心。其他版块导流到微信视频号的同时，视频号里也可以跳转到其他服务版块。

西瓜视频

西瓜视频的口号是“给你新鲜好看，点亮对生活的好奇心”，西瓜视频是字节跳动公司旗下的中视频平台，在 2016 年正式上线，2017 年 6 月的日活跃就突破了 1000 万。从 2020 年到现在，西瓜视频的月均日活跃用户数从 4300 万滑落到 3400 万，几乎每个月都呈下降态势。

西瓜视频的特点

西瓜视频区别于短视频平台，其主要是以 1 到 30 分钟的中视频为主，最开始通过挖人的方式从其他平台获取种子创作用户。西瓜视频里的影视资源十分丰富，在 2020 年年初疫情期间就花 6. 5 亿元买下了徐峥的电影《囧妈》首播权，这也在春节期间为平台带来了巨大的流量，但是大部分新用户多是看完《囧妈》就走，并没有真正意义上留存下来。

腾讯微视

腾讯微视的口号是“发现更有趣”，微视于2013年上线，于2017年下线，但在2018年又再次上线，2018年的春节期间，腾讯微视通过QQ发放红包的活动，快速增加了数百万的用户。2018年4月2日微视还推出了视频跟拍、歌词字幕、一键美型三大功能，并且和QQ音乐千万级的正版曲库实现了互通。2019年的春节期间，微视又推出了视频红包的玩法，后续也陆续启动了一些新功能的内测，但是由于运营方面出现了一些问题，导致很多达人离开，微视也逐渐开始停滞不前。自始至终微视日活跃用户从来没有超过2500万。

微视的特点

为了和秒拍、快手、新浪微博等平台在短视频行业进行竞争，2013年腾讯上线了微视，2017年下线后开始投资快手，但在2018年抖音崛起后又将微视复活，继而又停滞不前。归根到底是整个产品的定位有一定的问题，还有业务团队的来回调整错过了最佳的时间。另外就是功能的迭代太慢了，从2015年到2017年基本上没有更新什么功能，再次上线后主要还是视频拍摄、制作和社交等一些基础功能，但是这个时候抖音和快手已经十分成熟了，别的平台都已经开始在布局电商和品牌影响力了。

百度的好看视频

好看视频的口号是“轻松有收获”，好看视频是百度旗下的旗舰品牌。2018年9月，日活跃用户就达到了1200万，2019年达到了1. 1亿，独立出来的客户端的日活跃用户也达到了3000万，超过80万的媒体和内容生产者入驻到好看视频，直到2020年9月已经突破百万。好看视频在2016年上线，最开始叫百度好看，主要内容以新闻资讯为主，2017年4月正式更名为好看视频，同时也优化了视频播放和搜索的一些功能。2020年

5 月 13 日，好看视频和爱奇艺打通，同年的 12 月 22 日好看视频拿出 10 亿元作为创作者的补贴。

好看视频的特点

好看视频依靠其母公司百度，得到了很好的天然流量和用户数据加持，打造的主要方向是视频知识图谱，并且针对泛知识类创作者提供了大量的补贴扶持，同时还开发了很多自制的节目如《TA 说》《娱乐不设防》《发光的大叔》等。

了解完各个平台的发展史和特点之后，那么平台之间的优劣势又有哪些呢？

抖音的优势

1. 行业领先算法

字节跳动的优势之一就是算法，中心化的算法和分发机制对优质的作品内容和优秀的创作者更有利，同时也保证了用户在打开软件的时候就能看到最优质的爆款内容。

2. 资源丰富

抖音 2020 年的日活跃用户加上火山版的话，达到了六亿，已经占据了整个短视频领域 60%的用户。

3. 商业模式清晰

抖音的变现还是以广告为主，广告收入占 80%，其他营收还包括平台佣金、游戏、知识付费、直播和电商等。

4. 平台好用

抖音从一上线开始就为用户提供了简单快捷的拍摄制作工具，最重要的是还含有一些强大的辅助功能，让创作者的作品更加炫酷、好看，在功能方面也注意强化社交属性，比如在软件的首页就增加了“朋友”和“同城”的页面。

5. 运营成熟

抖音降低了创作的门槛，提升了用户生产内容的积极性，并且一直在深挖垂直领域的内容和拓展产品的各类使用场景。

抖音的劣势

1. 粉丝互动度低

抖音平台的赞评比要低于快手很多，这就反映了用户在抖音上的互动活跃度比较低。

2. 长尾内容分发问题

由于抖音是中心化的分发机制，所以用户是被动在接收平台推荐的内容，虽然能看到优质的视频内容，但是不利于长尾内容的分发。

3. 用户增长或将放慢

短视频的用户整体增长都呈放缓的趋势，在未来获取新用户只能靠平台之间的分流。

4. 难以占领长视频领域

虽然说平台上有很多拆条、影视解说类短视频内容，但是长视频的平台开始在联合抵制这种二次创作的内容。

快手的优势

1. 社区属性好

快手平台有老铁关系链，创作者也多有自己的私域流量。在互动方面，快手的用户更喜欢给作品点赞评论，社区属性非常好，这也为快手电商方面的业务打下了较好的基础。

2. 用户量大

快手占据了整个短视频领域 30% 的用户，人均单日使用快手的时长也达到了 90 分钟，虽然暂时还没有真正的盈利，但是资本市场还是比较看好快手的。

3. 变现模式成熟

快手的直播付费率领先同行，同时电商也在迅速增长，2021 年的第一季度电商 GMV 就达到了 1186 亿元。

快手的劣势

1. 营销费用过高

快手在广告方面投入了巨额的费用，比如说请周杰伦等明星做推广等，这种用在新增用户方面的大量推广投入就是快手在 2020 年亏损加剧的主要因素。2020 年 1 月到 11 月 30 日，一共 11 个月，总收入为 525 亿元，毛利是 209 亿元，但是亏损却达到了 94 亿元。

2. 节后留存率低

2020 年的年初，快手的日活跃就超过了三亿，并且在春节期间达到了顶峰，但是在春节之后留存并不理想，日活跃下降了约 5000 万。

3. 慢性用户丧失

快手逐渐抖音化，限制了很多有影响力的家族或公会，调整为大屏和上下滑动，这不仅使快手原有的用户感到不适应，同样也很难把抖音的用户转移过来。

视频号的优势

1. 社交流量巨大

社交关系是指用户与用户之间，而不是用户和KOL之间，用户更倾向于关注朋友也关注了的内容。相比快手，其私域特性更强，黏度更高。

2. 成熟的内容创作生态

在微信公众号的图文领域已经成熟的内容创作生态可以直接延伸到视频领域。

3. 变现渠道闭环

微信的小程序电商各方面已经很成熟，整个下单购买的闭环系统也已经形成。

视频号的劣势

人均使用时长短

抖音的人均使用时长是95分钟，快手是90分钟，而2020年的数据显示，视频号的人均使用时长只有19分钟。

西瓜视频的优势

1. 中视频的平台比较少

短视频并不能满足每一个用户，部分用户还是比较倾向于中视频的，所以1到15分钟的中视频发展空间仍然很大，并且目前只有B站一家主要竞争对手。

2. 背靠字节跳动

西瓜视频作为字节跳动旗下的产品矩阵之一，母公司为西瓜视频提供了大量的流量、用户数据及内容资源。让西瓜视频和产品矩阵的其他产品也有一定的差异性，内容推荐的命中率也极高。

西瓜视频的劣势

1. 运营有待完善

西瓜视频初期的种子创作者几乎都是从 B 站重金挖来的，但是入驻后相应的运营计划和策略并没有及时跟上。

2. 推荐算法让创作者激情降低

西瓜视频不同于其他短视频平台的推荐算法，主要是通过视频的点击量和观看视频内容中用户行为的数量来进行判断推荐的，这就导致了很多标题党的出现，很有可能导致劣币驱逐良币。

3. 难以占领长视频领地

虽然西瓜视频有一定的内容资源，有自己的西瓜放映厅，但是上线的大多是经典影视剧，难以吸引年轻的用户群体。

好看视频的劣势

1. 百度提供支持却未能领先

好看视频起步比抖音和快手都晚，虽然百度不断在支持好看视频，为其提供流量，但是自始至终好看视频的日活跃用户数都没能达到行业领先的地步。

2. 电商布局不够

虽然好看视频入局了电商，但是却只给了一个十分小的入口。

微视的劣势

1. 日活跃用户数少

微视下架的那一年也正是抖音飞速发展的一年，再次上线的时候，短视频行业的格局几乎已经定型。

2. 创新不够

重新上线的微视即使得到了腾讯大量资源的加持，却因为整体产品和抖音太过相似，缺乏创新，即使推出了一些玩法也没能成为腾讯的头部产品。

短视频领域的各大平台的基本情况，以及他们的发展历程，包括他们的优势、劣势，我们基本讲完了，那么短视频行业的未来会如何呢？

内容方面

1. 二次创作或被监管

修订后的《著作权法》于 2021 年 6 月正式实施，二次创作的短视频内容包括预告片类、影评类、解说类、片段类等都存在侵权风险，这其中解说类、盘点类和混剪类都有十分高的侵权风险，或将被严厉监管。

2. 内容生态建设

目前抖音平台偏向达人，快手平台偏向生活，西瓜视频偏向影视、综艺、知识类等，每个产品都有自己不同风格的头部内容，而内容就是每个平台差异化的核心。

目前剧情、搞笑、游戏、影视类的娱乐化内容已经是一片红海，而教育、科技、旅行等垂直化内容还处于蓝海。在未来，知识领域的视频势必成为兵家必争之地，2020 年 6 月 bilibili 就上线了知识区的独立分区，而西瓜视频和抖音平台也在 10 月到 11 月推出了知识创作人的相关活动，好看视频更是明确要做知识类内容。未来 Vlog 的用户也会越来越多，这种呈现生活的视频相比其他类型的视频更真实，更有代入感，在 2019 年的时候 Vlog 的用户就达到了 2. 49 亿人。

搜索方面

搜索必然会成短视频平台的重要业务板块之一，可视化的搜索形态让用户越来越倾向于通过抖音、快手等平台来进行搜索，但是目前短视频平台的搜索业务还存在一定的技术差距，比如说一旦搜索比较复杂的关键词，那么呈现出来的结果就会出现答不对题的情况。因为很多创作者都有蹭热度的问题，比如足球世界杯是比较火热的话题，很多用户发布视频的时候为了蹭热度，视频内容可能与世界杯甚至与足球毫不相干，但是他们也可能会加上这个话题，导致用户搜索这个关键词的时候出现这些答不对题的视频内容，这些都是平台面临的问题，其解决难度很大。

电商化

目前短视频平台主要的变现模式是电商和直播的打赏，近一半的用户都对直播带货表示支持，所以未来电商收入的比重也会增大，短视频可以更轻易地推动价格低、复购率高的产品的转化，比如说零食、服装、生活用品、美妆等。

社交方面

社交功能可以帮助增加用户对平台的黏性，还能帮助非腾讯系的平台摆脱对微信来传播短视频的依赖。抖音和快手平台都在不断打造各自生态内的社交功能。相比之下抖音的玩法更多一些，最近还上线了和好友一起刷视频、抖一抖寻找好友、个人名片、好友之间视频通话、在线 K 歌等功能，据说目前还准备推出聊天室。而快手在整体布局上更加集中，目前已经上线了聊天室、群聊、同城等版块。

生活服务

短视频平台借助平台用户和线下店铺的位置进行匹配，形成本地生活服务圈，从而和大众点评以及美团形成竞争。

目前抖音就已经正式推出了同城页面，并上线了“优惠团购”的功能，其中就涵盖了餐饮、美食、酒店民宿等行业。2021 年更是推出了同城爆店码的项目，用户可以通过扫码来领取商家发放的优惠券，但是想要获得优惠券的话，需要授权发布一条商家的宣传视频。快手的同城频道也增加了榜单推荐、团购等版块。

科技方面

在未来移动互联网和人工智能将继续助推短视频和直播行业的飞速发展，5G 和 VR 等新技术为短视频和直播的发展不断创造着新的契机，不但可以提升短视频内容的丰富度，还能大大优化提升用户的交互度，用户在观看短视频和直播的过程中能获得沉浸式体验。同时在技术的支持下，场景也可以随心所欲的多元化设置，满足用户们更多的需求。在未来还会出现各种“短视频+”，例如短视频+新闻、短视频+社交、短视频+旅游、短视频+科技等。随着逐步完善，短视频将渗透到每一个行业，同时泛娱乐化的内容也将逐步转向精细化。

目前来说短视频领域还是呈现的“3+N”竞争格局，抖音正在不断地加重社交，向下沉市场进行探寻，快手则由去中心化往中心化转变，两款产品或将逐步趋同，用户的重叠度也将增加。未来各大短视频平台都将可能继续在内容上朝专精化、自制栏目或自营原创内容的方向发展，并一步一步地通过电商、直播和同城等功能让自身变得越来越强大，从而与美团、大众点评、淘宝和京东等平台展开竞争。